Die Deutsche Bibliothek - CIP-Einheitsaufnahme

Grimm, Fatima:

Der Islam mit den Augen einer Frau / Fatima Grimm. München,

SKD Bavaria Verlag, 2002

ISBN 3-926575-61-1

Herausgeber:

SKD Bavaria Verlag & Handel GmbH

Triebstr. 13, 80993 München

Tel.: 089/333 567

Fax: 089/340 141 1

E-Mail: skd@skdbavaria.de

Umschlaggestaltung / Satz: Osama Al-Sughayar

Redaktionelle Bearbeitung: Manfred Röhner

1. Auflage 1999 (ISBN 3-926575-61-1)

2. neubearbeitete Auflage: 2002

ISBN

3-926575-92-1

DER ISLAM
mit den Augen einer Frau

FATIMA GRIMM

Inhaltsverzeichnis

DER OFFENBARUNGSBEGRIFF
IM ISLAM

Was ist der Grund dafür, dass Muslime, - einerlei ob ganz einfache oder hochgebildete Menschen, - ganz offensichtlich keine Schwierigkeiten mit dem Begriff Offenbarung haben? Sie alle sind fest davon überzeugt, dass Gott im Lauf der Menschheitsgeschichte immer wieder auserwählten Gottergebenen, im Quran Propheten oder Gesandte genannt, Seinen Willen und Seine Rechtleitung offenbart hat.

In der Sure „AI-Baqara „ -Die Kuh- lesen wir, dass Gott Adam und seiner Frau Hawa -Eva- im Paradies den denkbar schönsten Aufenthaltsort gewährte, allerdings mit der Auflage, nicht von einem bestimmten Baum zu essen, denn sonst würden sie Frevler sein. Wörtlich heißt es dann:

„Doch Satan ließ beide daran straucheln und trieb sie von dort worin sie waren. Wir sprachen: Gehet hinweg, einige von euch sind Feinde der anderen, und für euch ist eine Wohnstatt auf Erden und ein Nießbrauch für eine Weile.

Dann empfing Adam von seinem Herrn gewisse Worte. So kehrte Er sich gnädig zu ihm; wahrlich, Er ist der oft gnädig Sich Wendende, der Barmherzige.

Wir sprachen: Gehet hinaus, ihr alle, von hier. Und wer, wenn zu euch eine Weisung von Mir kommt, dann Meiner Weisung folgt, auf die soll keine Furcht kommen, noch sollen sie trauern.(**2**:36-38)

Damit steht für den Muslim fest: Bereits der erste Mensch auf Erden war ein Prophet. Er ist nicht auf die Erde geschickt worden, ohne dass ihm göttliche Rechtleitung zuteil wurde. Im Verlauf der Jahrhunderte haben die Menschen dann immer wieder die göttliche Botschaft vergessen oder gar absichtlich verfälscht und so wurden von Zeit zu Zeit erneut Propheten und Gesandte notwendig, die Menschen erinnerten und ihnen den rechten Weg zu Gott aufzeigten. Die wichtigsten darunter sind Noah, Abraham, Moses, Jesus und Muhammad - Friede sei mit ihnen allen.

Professor Fazlul Rahman von der Universität Chicago schreibt in seiner Abhandlung über die „Wichtigsten Themen des Qurans" im Zusammenhang mit dem Prophetentum Folgendes:

„Gottes Abgesandter an die Menschheit wird im Quran als „nabi" oder „rasul" bezeichnet. Der „nabi", der Bringer guter Nachricht, bezeichnet nicht wie in der Bibel den, der gute Nachrichten über die Zukunft bringt, sondern jemanden, der gute Nachrichten von Gott bringt; er kommt von Gott, um vor Schlechtem zu warnen und denen frohe Botschaft zu bringen, die gut sind. Dementsprechend finden wir häufig die Begriffe „Bringer froher Botschaft" und „Warner", insbesondere in der Frühzeit. „Rasul" bedeutet „Gesandter", jemand, der von Gott zu den Menschen gesandt wird, obwohl dieselbe Bezeichnung auch manchmal für den Offenbarungsengel verwendet wird, jemand, der von Gott zu dem Propheten geschickt wird. Die traditionellen muslimischen Quran-Kommentatoren haben eine

Unterscheidung gemacht, indem sie sagten, der „nabi" sei ein göttlicher Abgesandter ohne Gesetz (scharia) und, vermutlich, ohne ein offenbartes Buch, während „rasul" jemanden meinte mit einem Gesetz und einem offenbarten Buch. Obwohl solche Differenzierungen zweifelhaft sind, weil im Quran manche religiösen Persönlichkeiten sowohl als „nabi" wie auch als „rasul" bezeichnet werden.."(Seite 81-82)

Wenn im Quran von offenbaren die Rede ist, so wird oft das Wort „nasala," das heißt herabsenden, herabkommen lassen, verwendet. Und die Redewendung Er (nämlich Gott) sandte Seine Verse herab. Diese werden nicht nur als Zeichen göttlicher Offenbarung zum Beispiel in der Natur verstanden, sondern auch die Verse des Qurans sind „ayat", also Zeichen.

„Und unter Seinen Zeichen ist dies: dass du die Erde leblos und verdorrt siehst, doch wenn Wir Wasser auf sie niedersenden, dann regt sie sich und schwillt. Er, Der sie belebte, wird auch die Toten sicherlich lebendig machen, denn Er vermag alles zu tun." (**41**:39)

In diesem Zusammenhang ergeht die Ermahnung:

„Und folgt dem Besten, das zu euch von eurem Herrn herabgesandt wurde, bevor die Strafe unversehens über euch kommt, während ihr es nicht merkt, damit nicht etwa einer spreche: O wehe mir um dessentwillen, was ich gegenüber Allah versäumte! Denn wahrlich, ich gehörte zu den Spöttern; oder damit nicht etwa einer spreche: Hätte mich Allah geleitet, so wäre auch ich unter den Gottesfürchtigen gewesen, oder damit nicht einer spreche, wenn er die Strafe sieht: Gäbe es doch für mich eine Wiederkehr, dann wollte ich unter denen sein, die Gutes tun. Und Allah spricht: Nein, es kamen zu dir Meine Zeichen, aber du verwarfst sie, und du warst hochmütig und warst einer der Ungläubigen."(**39**:55-59)

Zum besseren Verständnis zunächst eine Worterklärung. Die Offenbarung oder Eingebung ist arabisch „*wahy*". Dazu heißt es beispielsweise im Quran:

„Und keinem Menschen steht es zu, dass Allah zu ihm sprechen sollte, außer durch Offenbarung „*wahyan*" oder hinter einem Schleier oder indem Er einen Boten schickt, zu offenbaren „*fayuhiya*" auf Sein Geheiß, was Ihm gefällt; Er ist Erhaben, Allweise. Also haben Wir dir (O Prophet) (durch den heiligen Geist) eine Offenbarung zuteil werden lassen „*auhaina*") nach Unserem Gebot. Du (O Gesandter) wußtest nicht, was das Buch war noch was der Glaube. Doch Wir haben sie (die Inspiration) zu einem Licht gemacht, mit dem Wir jenen von Unseren Dienern den Weg weisen, denen Wir wollen. Wahrlich, du leitest auf den geraden Weg, den Weg Allahs, Dem alles gehört, was in den Himmeln und was auf Erden ist. Höret! Zu Allah kehren alle Dinge zurück." (**42**:51-53)

Aber es gibt natürlich noch zahlreiche andere Begriffe, die sich auf Eingebungen und Offenbarungen beziehen. So etwa „*huda*", die Rechtleitung, oder „*furqan*", die Unterscheidung zwischen richtig und falsch:

„Und wahrlich, Wir gaben Moses und Aaron die Unterscheidung und Licht und Ermahnung für die Rechtschaffenen, die ihren Schöpfer und Erhalter fürchten im Verborgenen und vor der „Stunde" bangen.(**21**:48-49)

Und an anderer Stelle lesen wir:

„Die Menschen waren eine einzige Gemeinschaft. Dann entsandte Allah die Propheten als Bringer froher Botschaft und als Warner. Und Er offenbarte ihnen das Buch mit der Wahrheit, um zwischen den Menschen zu richten über das, worüber sie uneins waren. Uneins aber waren nur jene, denen es gegeben wurde, nachdem klare Beweise zu ihnen gekommen waren, aus Mißgunst untereinander. Doch Allah leitet mit Seiner Erlaubnis diejenigen, die gläubig sind, zur Wahrheit, über die sie uneins waren. Und Allah leitet wen Er will auf einen geraden Weg." (**2**:213)

Die grammatikalische Konstruktion des Satzes „Und Gott leitet wen Er will auf einen geraden Weg", kann sowohl so übersetzt werden wie hier, genauso gut aber mit den Worten: Und Gott leitet den, der es will, auf einen geraden Weg.

Mir gefällt natürlich die zweite Übersetzung wesentlich besser, ja sie erscheint mir auch viel logischer. Sayyid Qutb, einer der modernen Quranexegeten, kommentiert beispielsweise: „Gott sucht unter Seinen Dienern diejenigen heraus, die sich aufrichtig nach Seiner Rechtleitung sehnen."

Um die ganze Angelegenheit nicht ins allzu Theoretische zu verlagern, möchte ich Ihnen einige Beispiele von Propheten aus dem Quran aufzeigen, die den Offenbarungsbegriff praktisch erläutern. Dabei sollten wir allerdings im Auge behalten, dass es sich nach islamischer

Auffassung nicht so sehr um historische Persönlichkeiten handelt, sondern vielmehr jeweils um ewiggültige menschliche Lehrbilder. In der Psychologie würde man von Archetypen sprechen.

Seyyed Hossein Nasr schreibt in seinem Buch „Ideal und Wirklichkeit im Islam" in diesem Zusammenhang:

„Der Quran enthält eine Botschaft, die zumindest an der Oberfläche einem großen Geschichtsbuch ähnelt. Er erzählt die Geschichte von Völkern, Stämmen, Königen, Propheten und Heiligen aller Zeitalter, von ihrer Mühsal und ihrem Leid. Diese Botschaft ist zwar in historischen Begriffen dargestellt, wendet sich aber an die Seele des Menschen... Der Heuchler *„munafiq"*, der die Völker teilt und Falsches in religiösen Dingen verbreitet, ist auch in der Seele eines jeden Menschen vorhanden, wie auch derjenige, der in die Irre gegangen ist, derjenige, der dem ‚geraden Weg' folgt, oder derjenige, der von Gott bestraft oder belohnt wird. Alle diese Akteure auf der Bühne der heiligen Geschichte, wie sie der Quran erzählt, sind auch Symbole der Kräfte, die in der Seele des Menschen walten. Der Quran ist deshalb ein umfassender Kommentar über das Erdendasein der Menschen. Er ist ein Buch, dessen Lektüre die Bedeutung des menschlichen Lebens offenbart, das mit der Geburt beginnt und mit dem Tod endet, von Gott ausgeht und zu Ihm zurückkehrt." (S.60f.)

So steht Noah unter anderem für den gottesfürchtigen Menschen, der sich vom Auftrag, die Arche zu bauen, keineswegs durch den Hohn und Spott seiner Nachbarn abbringen lässt.

Abraham durchlebt in nächtlicher Meditation die Zweifel des auf der Gottessuche befindlichen Menschen, indem er sich fragt, ob Himmelskörper wie Sterne, Mond und Sonne, die ihre geheimnisvollen Bahnen ziehen, nicht vielleicht doch Gott sind.

Moses steht offenbar machtlos vor dem allmächtigen Pharao, der sich in seiner Willkür selbst zum Gott erklärt und gewinnt doch durch seine Aufrichtigkeit und seine absolute Gottergebenheit diesen nur scheinbar ungleichen Kampf.

Oder Jesus, von dem es heißt, dass ihm klare Beweise gegeben wurden und dass er durch den Geist der Heiligkeit in Form göttlicher Eingebung gestärkt wurde, doch dass die Menschen, sobald ihnen etwas davon nicht behagte, von Hochmut erfüllt waren und Gesandte wie ihn zu Lügnern erklärten.

Und schließlich Muhammad, den seine Verfolger beschuldigten, den Quran erdichtet zu haben, worauf er sie aufforderte:

„Bringt denn eine (einzige) Sure wie diesen (Quran) hervor und rufet, wen ihr nur könnt, außer Allah, wenn ihr wahrhaftig seid."(**10**:38)

Doch es gelang ihnen nicht einmal ein einziger Vers.

Wir wollen nun sehen, was für eine allgemeingültige Lehre die Muslime -beispielsweise im Hinblick auf den Generationenkonflikt - aus dem ziehen können, was im Zusammenhang mit Noah im Quran offenbart worden ist. Er hatte also trotz des Gelächters seiner Mitmenschen die Arche fertiggestellt. Nun heißt es:

„Alsdann erging Unser Befehl und die Fluten (der Erde) brachen hervor. Da sprach Allah: Bringe in das Schiff je zwei von allen (Arten) hinein, Pärchen, und deine Familie mit Ausnahme derer, gegen die das Wort bereits ergangen ist, und die Gläubigen. Und keiner glaubte ihm außer einer kleinen Schar. Und Noah sprach: Steigt ein! Im Namen Gottes erfolgt die Ausfahrt und die Landung. Mein Herr ist wahrlich Allverzeihend, Barmherzig. Und es (das Schiff) fuhr mit ihnen über Wogen gleich Bergen einher, und Noah rief zu seinem Sohn, der sich abseits hielt: O mein Sohn, steig mit uns ein und bleibe nicht bei den Ungläubigen. (Der Sohn) sagte: Ich will mich sogleich auf einen Berg begeben, der mich vor dem Wasser retten wird. (Noah) sagte: Es gibt heute keinen Retter vor Gottes Befehl - (Rettung) gibt es nur für jene, derer Er Sich erbarmt. Und die Woge brach zwischen beiden herein, (und) so war er unter denen, die ertranken. Und es wurde befohlen: O Erde, verschlinge dein Wasser, O Himmel, höre auf zu regnen! Und das Wasser begann zu sinken, und die Angelegenheit war entschieden. Und das Schiff kam auf dem (Berg) „Güdyy" zur Rast. Und es wurde befohlen: Fort mit dem Volk der Frevler! Und Noah rief zu seinem Herrn und sagte: Mein Herr, mein Sohn gehörte doch zu meiner Familie, und Dein Versprechen ist doch wahr, und Du bist der beste Richter. Er sprach: O Noah, er gehörte nicht zu deiner Familie; siehe, dies ist kein rechtschaffenes Benehmen. So frage Mich nicht nach dem, von dem du keine Kenntnis hast. Ich ermahne dich, damit du nicht einer der Toren wirst. (Noah) sagte: Mein Herr, ich nehme meine Zuflucht bei Dir davor, dass ich Dich nach dem frage, wovon ich keine Kenntnis habe. Und wenn Du mir nicht verzeihst und Dich

meiner erbarmst, so werde ich unter den Verlierenden sein. Es wurde befohlen: O Noah, geh an Land
(und sei) mit Unserem Frieden begleitet..."(**11**:40-48)

Manchem Muslim mag es schwer auf der Seele liegen,
dass er seine Kinder oder junge Menschen nicht vor dem
bewahren kann, was er als schlecht erkannt hat. Aber es
gibt einen Punkt, wo alles gute Zureden nichts mehr nützt.
Vielleicht hilft es ihm dann in seiner Verzweiflung, sich an
Noahs Gottergebenheit und Demut ein Beispiel nehmen
zu können - das Problem ist in etwa dasselbe, ob heute
oder vor mehr als 5000 Jahren....

Über Abraham finden wir den folgenden Bericht im
Quran. Er betete zu Gott:

„Mein Herr, gewähre mir einen rechtschaffenen
(Sohn)." Dann gaben Wir ihm die frohe Botschaft
von einem sanftmütigen Sohn. Als er alt genug war,
um mit ihm zu arbeiten, sagte (Abraham zu ihm):
„O mein Sohn, ich sehe im Traum, dass ich dich als
Opfer darbringen soll. Nun schau, was meinst du
dazu?" (Der Sohn) antwortete: "O mein Vater, tu,
was dir befohlen wird; du sollst mich - so Allah will
- unter den Geduldigen finden". Als sie sich beide
(in Gottes Willen) ergeben hatten und er ihn mit der
Stirn auf den Boden hingelegt hatte, da riefen Wir
ihm zu: „O Abraham, du hast bereits das Traumge-
sicht erfüllt. So belohnen Wir die, die Gutes tun.
Wahrlich, das ist offenkundig eine schwere Prüfung."(**37**-100-106)

Der greise Abraham wünscht sich also nichts sehnsüch-
tiger als einen Sohn, der seine Aufgaben von ihm übernehmen kann. Und tatsächlich wird sein Wunsch erfüllt. Dann

aber kommt der Punkt, wo er diesen Jungen, vermutlich das Liebste, das er auf dieser Welt hat, opfern soll. Diese wohl schwerste Entscheidung zwischen Gott und dem, was man liebt, findet sich in den Schriften der drei großen monotheistischen Weltreligionen wieder und ich glaube, sie rüttelt uns alle immer wieder auf. Wäre unser Glaube stark genug, Gott zu gehorchen? Wo es uns doch in ganz profaneren Dingen schon oft so schwer fällt, Verzicht zu üben...

Bei Moses fällt es mir schwer, mich mit einer Geschichte aus dem Quran zu bescheiden. Denn es wird uns berichtet, dass er einst einen weisen Mann traf und ihn bat, ihn begleiten zu dürfen. Dieser erlaubt es ihm unter der Bedingung, dass er ihn nicht über sein Handeln befragt, doch er werde sich nicht gedulden können. Und tatsächlich geschehen dreimal so merkwürdige Dinge, dass Moses immer wieder sein Versprechen bricht. Beispielsweise versenkt der weise Mann ein Boot, mit dem arme Leute die beiden über einen Fluß gesetzt hatten. Als sich ihre Wege trennen, erklärt ihm der weise Mann, dass in jenem Land ein König im Begriff stand, alle Boote für einen ungerechten Krieg einzuziehen. Er habe das Boot deshalb vorübergehend unbrauchbar machen wollen, damit die armen Leute nicht die Mittel zum Verdienst ihres Lebensunterhalts verlieren sollten. Doch er habe dies nicht aus eigenem Gutdünken getan, sondern weil Gott es so gewollt hatte.

Wie oft ergeht es dem Muslim so, dass er den Sinn von eigentlich unbegreiflichen Ereignissen erst viel später versteht. Wie schwer fällt es ihm, in allen Lebenslagen auf Gottes Weisheit zu vertrauen...

Hier ist noch eines der vielen anderen Ereignisse, die uns über Moses im Quran berichtet werden. Er war also mit seinem Bruder Aaron an den Hof von Pharao gekommen und hatte ihn aufgefordert, an den Einen Gott zu glauben und die Kinder Israels aus der Knechtschaft zu entlassen. Und um zu beweisen, dass er von Gott gesandt war, hatte er seinen Hirtenstab vor Pharao auf den Boden geworfen und dieser war zu einer leibhaftigen Schlange geworden. Dies hatte eine solche Panik bei Pharao und seinen Beratern ausgelöst, dass sie beschlossen, die besten Zauberer des Landes zusammenzurufen, um das Wunder von Moses als Zauberei zu entlarven. Es wurde ihnen die herrlichste Belohnung versprochen, wenn sie obsiegen würden. Als diese Zauberer, die ihr gewiss einträgliches Leben bis dahin nur mit Hilfe ihrer Tricks zu führen vermochten, zum großen Versammlungsplatz des Volkes kamen, sagten sie:

"O Moses, entweder wirfst du (den Stock) oder wir werfen (zuerst). Er sagte: Ihr sollt werfen. Und als sie geworfen hatten, bezauberten sie die Augen der Leute und versetzten sie in Furcht und brachten einen gewaltigen Zauber hervor. Und (Gott) offenbarte Moses: Wirf deinen Stock! Und siehe, er verschlang alles, was sie an Trug hervorgebracht hatten. So wurde die Wahrheit festgestellt, und ihre Werke erwiesen sich als nichtig. Jene wurden damals besiegt, und beschämt kehrten sie um. Und die Zauberer trieb es, dass sie niederfielen in Anbetung. Sie sprachen: Wir glauben an den Herrn der Welten, den Herrn von Moses und Aaron. Da sprach Pharao: Ihr habt an ihn geglaubt, ehe ich es euch erlaubte. Gewiss, das ist eine List, die ihr in der Stadt ersonnen habt, um ihre Bewohner daraus zu vertreiben; doch

ihr sollt es bald erfahren. Wahrlich, für den Ungehorsam lasse ich euch Hände und Füße abhauen.
Dann lasse ich euch alle kreuzigen. (Die Zauberer)
antworteten: Zu unserem Herrn kehren wir dann zurück. Du nimmst nur darum Rache an uns, weil wir
an die Zeichen unseres Herrn glaubten, als sie zu
uns gekommen sind. Unser Herr, gieße Standhaftigkeit in uns und lass uns sterben als Gottergebene."(7:114-126)

Schier unglaublich, dass Privilegierten wie diesen Zauberern von einem Moment auf den anderen die Augen auf-
gehen. Und sie bereit sind, ihr Leben auf die schlimmste
Art zu verlieren, um dadurch für ihre bisherigen Sünden
zu büßen. Der Muslim, der seinen Quran mindestens einmal
im Jahr durchlesen soll, findet darin viel Stoff zum Nachdenken.

Eine ganze Sure des Quran wird „Al-Ma`ida" - Der
Tisch - genannt. Dabei geht es um Jesus und seine Jünger.
Gott spricht:

„Als Ich den Jüngern eingab, an Mich und Meinen
Gesandten zu glauben, da sprachen sie: Wir glauben, und sei Zeuge, dass wir gottergeben sind. Als
die Jünger sprachen: „O Jesus, Sohn der Maria, ist
dein Herr imstande, uns einen Tisch mit Speise vom
Himmel herabzusenden?" antwortete er: „Fürchtet
Allah, wenn ihr Gläubige seid". Sie sagten: „Wir
begehren davon zu essen, und unsere Herzen sollen
in Frieden sein, und wir wollen wissen, dass du die
Wahrheit zu uns gesprochen hast, und wollen selbst
davon Zeugen sein". Da sprach Jesus, Sohn der
Maria: „O Allah, sende uns einen Tisch vom Him-

mel herab mit Speise, dass er ein Fest für uns sei, für den ersten von uns und für den letzten von uns, und ein Zeichen von Dir; und gib uns Versorgung, denn Du bist der beste Versorger". Allah sprach: „Siehe, Ich will ihn niedersenden zu euch; wer von euch aber danach undankbar wird, den werde Ich strafen mit einer Strafe, womit Ich keinen anderen auf der Welt strafen werde".(5:111-115)

Für den Muslim wird daraus klar: Gott lässt also Wunder geschehen. Aber wehe denen, die danach doch vom Glauben abfallen. Wenn es den gläubigen Menschen doch möglich wäre, die kleinen alltäglichen Wunder - ein in verzweifelter Lage gestammelter und erhörter Hilferuf an Gott, ja ein durch eine Asphaltdecke durchgestoßenes Gänseblümchen oder ein neugeborenes Kätzchen - noch wirklich ernst zu nehmen, und sie sich dadurch in ihrem Glauben bestärken zu lassen.

Eine der frühesten Suren ist an Muhammad gerichtet, der an seiner Sendung zu verzweifeln drohte, weil es nach der ersten Offenbarung eine längere Unterbrechung gab. Er wird mit folgenden Worten getröstet:

„Im Namen Allahs, des Gnädigen, des Barmherzigen. Beim Vormittag, und bei der Nacht, wenn sie am stillsten ist! Dein Herr hat dich nicht verlassen, noch ist Er böse. Wahrlich, jede (Stunde), die kommt, wird besser für dich sein als die, die vorausging. Und fürwahr, dein Herr wird dir geben und du wirst wohl zufrieden sein. Fand Er dich nicht als Waise und gab (dir) Obdach? Und Er fand dich irrend (in deiner Sehnsucht nach Ihm) und leitete dich (zu Sich Selbst). Und Er fand dich in Armut und machte (dich) reich. Darum bedrücke nicht die Waise, und schilt nicht den Bettler, und sprich überall von der Gnade deines Herrn."(**93**-1-11)

So weit einige praktische Offenbarungsbeispiele.

Für den Muslim ist der Prophet Muhammad Beispiel und Vorbild, ja der vorgelebte Quran. Darum kommt den „Ahadith", den sorgfältig überlieferten Worten und Taten des Propheten, eine so große Bedeutung zu.

Neben dem Quran gelten sie als Grundlage des Islam. Ich will darum einen „Hadith" im Zusammenhang mit der Offenbarung anführen, der sich bei Bukhari findet:

„Al-Harith Ibn Hisham, Gottes Wohlgefallen sei mit ihm, fragte den Gesandten Gottes, Friede sei mit ihm, indem er sagte: „O Gesandter Gottes, wie kommt die Offenbarung zu dir?" Der Gesandte Gottes, Friede sei mit ihm, sagte: „Manchmal kommt sie zu mir wie der Klang einer Glocke, und dies ist für mich die schwerste Art; er (Gabriel) verlässt mich dann, wenn ich alles, was er sagte, in meinem Gedächtnis bewahrt habe. Manchmal erscheint der Engel vor mir in der Gestalt eines Mannes und spricht zu mir, und ich bewahre in meinem Gedächtnis, was er sagt". Aisha sagte: Ich habe ihn (den Propheten) im Zustand gesehen, als die Offenbarung zu ihm kam: an einem sehr kalten Tag lief der Schweiß von seiner Stirn herunter, als der (der Engel) ihn verließ.

Für den Muslim ist auch klar, dass Muhammad, Friede sei mit ihm, der letzte Gottesgesandte war, denn in Sure **33**, Vers, 40 heißt es:

„Muhammad ist nicht der Vater einer eurer Männer, sondern der Gesandte Allahs und das Siegel der Propheten; und Allah hat volle Kenntnis aller Dinge."

Muslimische Denker, Theologen, Philosophen und Historiker haben versucht, dies durch zwei Argumente zu untermauern. Es habe eine Evolution der Religion stattgefunden und der Islam sei die endgültige und abschließende Form. Und wenn man die Inhalte der verschiedenen Religionen untersuche, könne man eindeutig feststellen, dass der Islam die der menschlichen Natur am besten angemessene und vollkommenste Religion darstelle.

Im Hinblick darauf, dass der Mensch sich in ethischer Hinsicht noch immer auf Irrwegen befindet und dass sein Moralempfinden keineswegs Schritt gehalten hat mit seinen wissenschaftlichen Errungenschaften, muss diesen Argumenten unbedingt ein weiteres hinzugefügt werden: Die sittliche Reife des Menschen ist nur unter der Bedingung gegeben, dass er unaufhörlich Rechtleitung in den göttlich offenbarten Schriften sucht. Für den Muslim ist das natürlich der Quran. Ein angemessenes Verständnis der göttlichen Rechtleitung ist seiner Meinung nach allerdings nicht mehr „auserwählten" Personen vorbehalten, sondern jeder Mensch hat die Pflicht, so an sich zu arbeiten, dass er dieses Verständnis erlangt. Nicht blinder Glaube wird im Quran gefordert, sondern nachdenken, sich ermahnen lassen, den Verstand gebrauchen:

„(Dies ist) ein Buch, das Wir dir offenbart haben, voll des Segens, auf dass sie über seine Verse („*ayatihi*" - also auch seine Zeichen!) nachdenken, und dass die mit Verständnis Begabten ermahnt seien."(**38**:29)

„Dies ist eine genügende Ermahnung für die Menschen (auf dass sie daraus Nutzen ziehen) und sich dadurch warnen lassen, und auf dass sie wissen mögen, dass Er nur der Einige Allah ist, und auf dass die mit

Verständnis Begabten es bedenken."(**14**:52)

Der Prophet ist geschickt worden, um zu ermahnen, zu erinnern und zu warnen, nicht aber um über die Menschen zu wachen. Er ist nicht verantwortlich für das was sie tun, hat keinerlei Macht, sie zum Glauben zu zwingen. Verharren sie im Unglauben, dann wird er getröstet:

> „Wir wissen wohl, dich betrübt in der Seele, was sie sagen; denn siehe, nicht dich zeihen sie der Falschheit, es sind die Zeichen Allahs, die jene Frevler verwerfen."(**6**:33)

An anderer Stelle lesen wir:

> „Und fürwahr, Wir wissen, dass deine Brust beklommen wird ob dessen, was sie reden. Aber lobpreise deinen Herrn und sei von denen, die anbetend niederfallen. Und lasse nicht ab, deinem Herrn zu dienen, bis der Tod zu dir kommt."(**15**:97-99)

Gott verspricht im Quran, dass Er die Seinen nicht verlässt:

> „Wahrlich, helfen werden Wir Unseren Gesandten und denen, die gläubig sind, im Leben hienieden und an dem Tage, da die Zeugen vortreten werden." (**40**:51)

> „Und die, welche Allah und Seinen Gesandten und die Gläubigen zu Freunden nehmen (mögen versichert sein), dass es Allahs Schar ist, die obsiegen wird." (**5**:56)

Als sich dann tatsächlich der Erfolg einstellte, sahen die Muslime dies als Beweis für die Wahrhaftigkeit des Propheten und seiner Sendung an und als Vorboten des endgültigen Sieges. Den Höhepunkt finden wir in folgendem Vers:

„Sie (die den Glauben ablehnen) möchten gerne Allahs Licht auslöschen mit ihrem Munde; jedoch Allah will nichts anderes als Sein Licht vollkommen machen, mag es denen, die den Glauben ablehnen, auch zuwider sein."(**9**:32)

Bestätigung für diesen endgültigen Sieg finden die Muslime, wenn sie im Quran den Bericht von Noah lesen, der vor der Flut gerettet wurde, von Abraham, den das Feuer verschonte, von Moses, der Pharaos Verfolgung entging.

An Muhammad ergeht angesichts der Anfeindung der Mekkaner, die um ihre einträglichen Geschäfte im Zusammenhang mit dem Götzendienst besorgt waren, die Weisung:

„Richte deine Augen nicht auf das, was Wir manchen von ihnen zu kurzem Genuss verliehen, und betrübe dich auch nicht über sie; und senke den Fittich deiner (Barmherzigkeit) gegen die Gläubigen. Und sprich: Ich bin gewiss ein deutlicher Warner. Denn Wir (haben beschlossen, Strafe) herabzusenden auf jene, die sich (gegen dich) in Gruppen verbanden, die den Quran als lauter Lüge erklärten. Darum, bei deinem Herrn, Wir werden sie sicherlich zur Rechenschaft ziehen um dessentwillen, was sie zu tun pflegten. So tue denn offen kund, was dir geboten ward, und wende dich ab von denen, die Götzen anbeten." (**15**:90-96)

Selbst ein Prophet bedarf der göttlichen Hilfe, um nicht den Tricks und Machenschaften seiner Gegner zu erliegen. Sie versuchten, ihn zu Kompromissen zu veranlassen. Dazu heißt es im Quran:

„Sie möchten, dass du entgegenkommend wärest,

dann würden auch sie entgegenkommend sein."
(**68**:9)

Ergänzend dazu lesen wir:

„Und beinahe hätten sie dich in Versuchung geführt, hinweg von dem, was Wir dir eingegeben haben, damit du etwas anderes über Uns erdichtest. Denn dann hätten sie dich ganz gewiss zum Freund genommen. Und wenn Wir dich nicht gefestigt hätten, fürwahr, dann hättest du dich ihnen beinahe ein wenig zugeneigt."(**17**:73-74)

Mit allen Mitteln versuchten also die Mekkaner, gegen die neue Offenbarung anzugehen. Da es ihnen nicht gelang, ihn zum Einlenken zu bewegen, behaupteten sie, er sei nichts weiter als ein Dichter oder Wahrsager, also keineswegs ein Prophet. Dazu sagt Gott im Quran:

„Nein, Ich schwöre bei allem, was ihr seht, und bei allem, was ihr nicht seht, dass dies fürwahr die Botschaft eines ehrenhaften Gesandten ist. Es ist nicht das Werk eines Dichters; wenig ist es, was ihr glaubt. Noch ist es die Rede eines Wahrsagers; wenig ist es, was ihr bedenkt. (Es ist) eine Offenbarung vom Schöpfer und Erhalter der Welten."(**69**:40-45)

Ihr nächstes Argument war, dass er besessen, wahnsinnig sei. Zu diesem Vorwurf lesen wir im Quran:

„...Bei der Feder und bei dem, was sie schreiben. Du bist, durch die Gnade deines Herrn, kein Wahnsinniger. Und für dich ist ganz sicherlich nicht endender Lohn bestimmt. Und du besitzest ganz sicherlich hohe moralische Eigenschaften. Also wirst du sehen und sie werden sehen, wer von euch der Besessene ist."(**68**:1-6)

Weiter forderten die Makkahner ihn auf, Wunder zu vollbringen, um seine Glaubwürdigkeit zu beweisen:

„Und wahrhaftig, Wir haben den Menschen in diesem Quran Gleichnisse aller Art auf mannigfache Weise vorgelegt, allein die meisten Menschen weisen alles zurück, nur nicht den Unglauben. Und sie sprechen: Wir werden dir nimmermehr glauben, bis du uns einen Quell aus der Erde hervorbrechen lässt; oder (bis) du einen Garten von Dattelpalmen und Trauben hast und lassest mitten darin Ströme hervorsprudeln im Überfluss; oder (bis) du den Himmel über uns in Stücke einstürzen lässt, wie du es angedroht hast, oder Allah und die Engel vor unser Angesicht bringst; oder (bis) du ein Haus von Gold besitzest oder aufsteigst zum Himmel; und wir werden nicht an deinen Aufstieg glauben, bis du uns ein Buch hinabsendest, das wir lesen können. Sprich: Preis meinem Schöpfer und Erhalter! Bin ich denn mehr als ein Mensch, ein Gesandter? Und nichts hat die Menschen abgehalten zu glauben, da die Leitung zu ihnen kam, als dass sie sprachen: ‚Hat Allah einen Sterblichen als Gesandten geschickt? Sprich: ‚Wären auf Erden Engel gewesen, friedlich und in Ruhe wandelnde, Wir hätten ihnen gewiss einen Engel vom Himmel als Gesandten geschickt.“(**17**:91-95)

Schließlich kamen die Makkahner mit der Frage:

„... Warum ist dieser Quran nicht einem angesehenen Mann aus den beiden Städten offenbart worden?“ (**43**:31)

Die Antwort im Quran lautet:

„Sind sie es, die Barmherzigkeit deines Herrn zu

verteilen haben? Wir selbst verteilen unter ihnen ihren Unterhalt im irdischen Leben, und Wir erhöhen einige von ihnen über die andern im Rang...“(43:32)

Zum Vorwurf, dass der Quran nichts weiter als Lug und Trug sei, lesen wir:

„Jene, die ungläubig sind, sprechen: Dies ist ja nichts anderes als eine Lüge, die er erdichtet hat, und andere Leute haben ihm dabei geholfen. Zweifellos sind sie der Ungerechtigkeit und der Unwahrheit schuldig. Und sie sprechen: Fabeln der Alten; er hat sie aufschreiben lassen, und sie werden vor ihm diktiert am Morgen und am Abend. Sprich: Er, Der das Geheimnis in den Himmeln und auf Erden kennt, hat ihn offenbart. Er ist wahrlich Verzeihend, Barmherzig.“ (25:4-6)

Für den Muslim jedoch ist Beweis für die Aufrichtigkeit des Propheten die Tatsache, dass er nicht lesen und schreiben konnte. Er war sozusagen ein „unbeschriebenes Blatt“. Seyyed Hossein Nasr schreibt in „Ideal und Wirklichkeit des Islam“: „Die Seele des Propheten war vor der göttlichen Feder eine „*tabula rasa*“, und auf der menschlichen Ebene kennzeichnet diese Eigenschaft des Analphabetentums jene höchste Tugend der Erkenntnis der Wahrheit durch deren Kontemplation, die eine Auslöschung im metaphysischen Sinne vor der Wahrheit bedeutet.“(Seite 93) Im Quran lesen wir dazu:

„Und nie verlasest du vordem ein Buch, noch konntest du eines schreiben mit deiner rechten Hand; sonst hätten die Lügner zweifeln können.“(29:48)

„Er ist es, Der unter den Schriftenkundigen einen Gesandten erweckt hat aus ihrer Mitte, ihnen Seine

Zeichen vorzutragen und sie zu reinigen und sie die Schrift und die Weisheit zu lehren, wiewohl sie zuvor in offenkundigem Irrtum gewesen waren."(**62**:2)

Zum Abschluss möchte ich noch einige Zeilen aus Frithjof Schuons Buch „Den Islam verstehen" über den Charakter und die Vorbildfunktion des Propheten Muhammad zitieren:

„Der Prophet ist der Maßstab für den Menschen (oder wir sollten wohl sagen für den Muslim?), sowohl in Hinblick auf individuelle und kollektive als auch auf geistige und irdische Aufgaben. Seinem Wesen nach ist er Ausgewogenheit und Auslöschung: Ausgewogenheit vom menschlichen Gesichtspunkt her und Auslöschung gegenüber Gott... - so verkörpert der Prophet Gelassenheit, Großherzigkeit und Stärke... Die Nachahmung des Propheten umfasst: Stärke sich selbst gegenüber; Großherzigkeit gegenüber den anderen; Gelassenheit in Gott und durch Gott. Wir könnten auch sagen, Gelassenheit durch Frömmigkeit im tiefsten Sinne dieses Wortes." (Seite 127/129)

KERNTHEMEN DER QURANISCHEN OFFENBARUNG

Wie für alle Religionen, ist selbstverständlich Gott auch das wichtigste Thema im Islam. Und hier wieder der „*tauhid*", nämlich die Einheit und Einzigartigkeit Gottes. Doch da der Quran als Rechtleitung für die Menschheit – „*hudan li-n-nas*" - bezeichnet wird, folgt als nächstes Kernthema der Mensch als einzelner und in der Gesellschaft. Dann wollen wir uns mit dem Thema von Gut und Böse, mit dem Jenseitsverständnis des Qurans und mit der Natur in der islamischen Offenbarung befassen. Den Offenbarungsbegriff selbst haben wir ja bereits behandelt.

Gott

Das Wort Gott - arabisch Allah, auch Koptische Christen beten zu Allah, Er ist also keineswegs der Gott der Muslime - kommt über 2500 mal im Quran vor. Ganz abgesehen von den vielen Versen, in denen von „*rabb*", dem Schöpfer und Erhalter, oder von „*ar-rahman*", dem Barmherzigen die Rede ist oder wo ein anderer von den 99 sogenannten schönsten Namen Gottes erwähnt wird.

Die erste Frage, die sich uns in diesem Zusammenhang stellt, lautet: Warum muss es einen Gott geben? Warum bleibt die Natur und alles, was sich dort findet, nicht sich selbst überlassen? Ich habe mich dieser Tage durch ein hochgelehrtes Traktat von einem Atheisten namens Mackie gekämpft, der alle nur erdenklichen Gottesbeweise anführt, um dem Leser dann „klarzumachen", wie irrig diese sind.

Für den Muslim ist der Glaube an Gott eine Selbstverständlichkeit, für die er vielfältige Bestätigung im Quran findet, so etwa in Sure **36**, Vers 11, wo vom Glauben an das Unsichtbare, Verborgene die Rede ist:

„Du vermagst nur den zu warnen, der die Ermahnung befolgt und den Barmherzigen im Verborgenen fürchtet. Gib ihm darum frohe Botschaft von Vergebung und einem edlen Lohn."

Das Verborgene aber wird dem Menschen durch die Propheten zu einem bestimmten Grad sichtbar gemacht, wie etwa in Sure **11**, Vers 49:

„Dies ist eine Botschaft von den verborgenen Dingen, die Wir dir offenbaren. Du kanntest sie nicht, weder du noch dein Volk, vor diesem. So harre denn aus; denn der Ausgang ist für die Gottesfürchtigen."

Obwohl kein Mensch das Verborgene in vollem Umfang zu erfassen vermag, sondern nur Gott allein:

„Er ist Allah, außer dem es keine Gottheit gibt, der Wisser des Ungesehenen und des Sichtbaren. Er ist der Gnädige, der Barmherzige."(**59**:22)

Dass es Gott gibt, wird denen klar, die bereit sind, nachzudenken, ihren Verstand in der Gottgewollten Weise zu gebrauchen. Dazu habe ich bei Seyyed Hossein Nasr in „Ideal und Wirklichkeit des Islam" den schönen Satz gefunden:

„Der Quran bezeichnet diejenigen, die sich von der Religion gelöst haben, als die, die nicht verstehen, „*la ya'qilun*", die ihre Intelligenz nicht richtig gebrauchen können. Es ist bezeichnend, dass in der Sprache des Qurans der Verlust des Glaubens nicht mit einer Verderbnis des Willens gleichgesetzt wird, sondern mit einem fehlerhaften Funktionieren der Intelligenz."(Seite 21)

Es ist also Aufgabe des Qurans, den Menschen zum Nachdenken zu bringen, so dass er begreift: Es muss einen Schöpfer und Erhalter geben. Die Überzeugung, dass die Welt durch Zufall entstanden ist, erscheint dem Muslim völlig irrational. Vielmehr findet er inneren Frieden in den Worten:

„Hierin ist wahrlich eine Ermahnung für den, der ein Herz hat oder der Gehör schenkt und aufmerksam ist."(**50**:37)

Eine Ermahnung oder besser noch: eine Erinnerung, nämlich daran, dass Gott, Der unvorstellbar hoch und erhaben ist, uns doch gleichzeitig auch sehr nahe ist:

„Wahrlich, Wir erschufen den Menschen, und Wir wissen, was ihm sein Nafs einflüstert; denn Wir sind ihm näher als (seine) Halsschlagader."(**50**:16)

Erlauben Sie mir hier eine kurze Abschweifung zum Begriff „*Nafs*", auf den wir beim Thema „Mensch" und „Gut und Böse" noch näher eingehen werden. „*Nafs*" ist so etwas wie das Ego des Menschen. Hat er dieses Ego erzogen, dann dient es ihm, er kann es „reiten". Wehe aber, wenn er sein „*Nafs*" nicht unter Kontrolle hat: dann „reitet' es ihn und er mag sich aufbäumen wie er will: er wird es nicht los. Es quält ihn Tag und Nacht mit üblen Einflüsterungen, die ihn vom geraden Weg zu seinem Schöpfer und Erhalter abzubringen versuchen.

Im Quran wird uns vor Augen geführt, dass wir Menschen - wenn wir über das woher und wohin der Natur um uns herum nachdenken, - notwendigerweise „Gott finden" müssen. Es gibt keinen „Beweis" für die Existenz Gottes, denn laut Quran können wir, sofern wir Gott nicht „finden", ihn auch niemals „beweisen". Dieses „finden" ist nicht einfach ein leeres Wort. Vielmehr bringt es eine Neubewertung der Wirklichkeit mit sich und rückt alles in eine neue Perspektive mit neuen Inhalten. Die erste Folge ist die Entdeckung, dass Gott nicht etwas Vorhandenes unter anderem Vorhandenen sein kann. Es kann also keine Teilhabe des Bedingten an Dem, Der es bedingt, es erschaffen hat, geben. Darin wurzelt die strikte Ablehnung des „*schirk*", der einzigen unverzeihlichen Sünde: Nämlich Gott etwa beizugesellen, Ihm etwas zur Seite zu stellen.

Eine eindrucksvolle Aufzeichnung besonders wichtiger göttlichen Eigenschaften finden wir in den folgenden Versen:

„Er ist Allah, außer Dem es keinen Gott gibt, der Wisser des Ungesehenen und des Sichtbaren. Er ist der Gnädige, der Barmherzige. Er ist Allah, außer Dem es keinen Gott gibt, der König, der Heilige, der Eigner des Friedens, der Gewährer von Sicherheit, der Beschützer, der Allmächtige, der Verbesserer, der Majestätische. Hocherhaben ist Allah über all das, was sie (Ihm) an die Seite stellen. Er ist Allah, der Schöpfer, der Bildner, der Gestalter. Sein sind die schönsten Namen. Alles, was in den Himmeln und auf Erden ist, preist Ihn, und Er ist der Allmächtige, der Weise." (**59**:22-24)

Gott ist also der Bildner und Gestalter, aber Er ist auch der Erhalter, also hat Er sich nach der Schöpfung keines-

wegs zur Ruhe gesetzt und überlässt nun alles sich selbst.
Hören Sie dazu den Thronvers:

> „Allah - es gibt keinen Gott außer Ihm, dem Leben-
> digen, dem aus Sich Selbst Seienden und Aller-
> haltenden. Schlummer ergreift Ihn nicht noch Schlaf.
> Sein ist, was in den Himmeln und was auf Erden
> ist. Wer ist es, der bei Ihm fürbitten will, es sei denn
> mit Seiner Erlaubnis? Er weiß, was vor ihnen ist und
> was hinter ihnen; und sie begreifen nichts von Seinem
> Wissen, außer was Ihm gefällt. Sein Thron (oder Sein
> Wissen) umfasst die Himmel und die Erde; und ihre
> Erhaltung beschwert Ihn nicht; und Er ist der
> Erhabene, der Große." (2:255)

Die 112. Sure, „al-ichlas", „Die Reinheit (des Glaubens)"
wurde nach zahlreichen Überlieferungen vom Propheten
als „gleichwertig einem Drittel des gesamten Qurans" bezeichnet. Sie fasst in wenigen Worten die Einheit Gottes,
den „tauhid", zusammen:

> „Im Namen Allahs, des Erbarmers, des Barmherz-
> igen, Sprich: Er ist Allah, der Einzige Gott, der
> Ewigwährende. Er zeugt nicht und ist nicht gezeugt.
> Und es gibt niemanden, der Ihm gleicht." (Sure 113)

Dieser „tauhid", der auch im ersten Teil des islamischen
Glaubensbekenntnisses „Ia ilaha illa-llah" - es gibt keine
Gottheit außer dem einen einzigen Gott – zum Ausdruck
kommt, bedeutet: nichts darf dem gottergebenen Menschen
- das ist es was Muslimsein heißt - so kostbar, so teuer, so
lieb sein, dass er darüber Gott und seine Pflichten Ihm
gegenüber vernachlässigt. Für den Muslim liegt im „tauhid"
mehr als nur die Erklärung, dass es nur einen Gott gibt
und nicht etwa zwei oder drei.

„Gäbe es in ihnen (Himmel und der Erde) Götter außer Allah, dann wären wahrlich beide voll Unordnung. Gepriesen sei Allah, der Herr des Thrones, hoch erhaben ist Er über das, was sie aussagen." (21:22)

Dieses Bekenntnis zur göttliche Einheit ist ein Weg, ganzheitlich zu werden - wie Seyyed Hossein Nasr in „Ideal und Wirklichkeit des Islam" sagt, - „die tiefe Einheit alles Existierenden zu erkennen. Jeder Aspekt des Islams ist auf die Lehre von der Einheit bezogen, die der Islam vor allem im Menschen, in seinem inneren und äußeren Leben, zu verwirklichen sucht... Der Mensch sollte nicht aufgegliedert werden, weder in seine Gedanken noch in seine Taten. Jede Handlung, selbst die Art des Gehens und Essens, sollte von einer spirituellen Norm künden, die in seinem Geist und seinem Herz existiert." (Seite 32/33)

Es gäbe noch unendlich viel über den „*tauhid*" und über Gott und Seine Eigenschaften zu sagen. Lassen Sie mich diesen Abschnitt mit einem schönen „Hadith" beschließen, demzufolge Gott dem Propheten Muhammad sagte: „Ich war ein verborgener Schatz und wollte erkannt werden. Deshalb brachte Ich die Schöpfung hervor."

Der Mensch als Einzelner und in der Gesellschaft

Gott hat also, um als verborgener Schatz erkannt zu werden, den Menschen geschaffen, und zwar aus natürlicher, irdischer Materie:

„Wahrlich, Wir haben den Menschen aus trockenem, tönernem Lehm erschaffen, aus schwarzem, zu Gestalt gebildctem Schlamm."(15:26)

Aber Er hat den Menschen auch vor aller anderen Schöpfung ausgezeichnet, indem Er ihm von Seinem Geist einhauchte:

„Wenn Ich ihn nun vollkommen geformt und von Meinem Geist eingehaucht habe, dann fallet vor ihm dienend nieder." (**15**:30)

Diese Weisung ergeht an die Engel, die ihr folgen, bis auf Satan, der zu stolz war. Wir werden darauf noch zurückkommen im Abschnitt über Gut und Böse.

Der Mensch wurde von Gott gemäß folgenden Quranversen mit allen Vorzüglichkeiten ausgestattet:

„Wahrlich, Wir haben den Menschen in schönstem Ebenmaß erschaffen. (Wirkt er) dann aber (Böses), so verwerfen Wir ihn als den Niedrigsten der Niedrigen. Doch so sind die nicht, die glauben und gute Werke üben; denn ihrer ist unendlicher Lohn." (**95**:4.6)

Wir begegnen also im Quran einem positiven Menschenbild. Potentiell kann jeder Mensch ein Heiliger oder ein Prophet werden. Aber da er durch das Einhauchen des göttlichen Geistes über einen freien Willen verfügt, hat er auch die Möglichkeit, Böses zu tun und damit auf eine Stufe abzusinken, die unter den Tieren liegt.

Eine wichtige Rolle spielt im Quran der Bund, den Gott mit den Menschen schloss:

„Und (gedenkt der Zeit) da Gott einen Bund schloss (mit dem Volke durch die) Propheten (und sprach): Was immer Ich euch gebe von dem Buch und der Weisheit - kommt dann ein Gesandter zu euch, erfüllend, was bei euch ist, sollt ihr an ihn glauben und ihm helfen. Er sprach: Seid ihr einverstanden, und nehmt ihr die Verantwortung an, die Ich euch damit auferlege? Sie sprachen: Wir sind einverstanden. Er sprach: ‚So bezeugt es und Ich bin mit euch unter den Zeugen.'"(**3**:81)

Bevor Gott den Menschen zu Seinem Stellvertreter auf Erden bestimmte, ihn also damit beauftragte, eine ethische und soziale Ordnung zu schaffen, trug Er diese Aufgabe, genannt das Vertauenspfand, anderen an:

„Wahrlich, Wir boten das Vertrauenspfand den Himmeln und der Erde und den Bergen an, doch sie weigerten sich, es zu tragen, und schreckten davor zurück. Aber der Mensch nahm es auf sich. Fürwahr, er ist sehr ungerecht, unwissend."(**33**:72)

In Sure **7**, 172 spricht Gott zu den Menschen:

„„Bin Ich nicht euer Herr? Da sagten sie: Doch, wir bezeugen es."

Wie wir schon hörten, ist der Mensch vergesslich, ungerecht gegen sich selbst, indem er seine Pflicht Gott gegenüber vernachlässigt und unwissend, weil er sich nicht ständig vergegenwärtigt, was für eine große Aufgabe ihm mit dem Vertrauenspfand übertragen wurde. Glaubt er jedoch an den Gottesgesandten und hilft ihm, dann wird er seiner wahren Natur gerecht und gelangt zu einer Stufe, die ihn selbst über die Engel erhebt.

Als Warnung vor der Vergesslichkeit heißt es im Quran:

„Glaubt ihr denn, Wir hätten euch in Sinnlosigkeit geschaffen, und dass ihr nicht zu Uns zurückgebracht würdet?"(**23**:115)

Schlägt der Mensch diese Warnung in den Wind, lebt nur in den Tag hinein und schickt nicht Gutes für sich voraus, so wird er im Quran wie folgt beschrieben:

„... Sie haben Herzen, und sie verstehen nicht; sie
haben Augen, und sie sehen nicht; sie haben Ohren,
und sie hören nicht...“

„Erzähle ihnen die Geschichte dessen, dem Wir Unsere Zeichen gaben, er aber ging an ihnen vorüber;
so folgte Satan ihm nach, und er wurde (einer) von
denen, die irregehen. Und hätten Wir es gewollt, Wir
hätten ihn dadurch erhöhen können; doch er neigte
der Erde zu und folgte seinem bösen Gelüst.“
(**7**:175-176)

Nimmt sich der Mensch die Warnungen zu Herzen und
bemüht sich, Gutes zu tun, so wächst die Möglichkeit, dass
er fortfährt, Gutes zu tun. Hört er nicht auf sie und lässt
sich auf Böses ein, so steigt auch die Wahrscheinlichkeit,
dass er weiterhin Böses tut, bis sein „Herz versiegelt ist“
und seine „Augen blind geworden sind“, wie es der Quran
ausdrückt.

„Und seid nicht gleich jenen, die Gott vergaßen und
die Er darum ihre eigenen Seelen vergessen ließ. Das
sind die Übertretenden“(**59**:19)

Allerdings steht ihm auch stets die Tür zu aufrichtiger
Reue offen. Dafür muss er an seiner *Nafs*, an seinem Ego
arbeiten.

Manche Theologen haben *Nafs* mit „Triebseele“ übersetzt. In ihrer unerzogenen Form wird sie *„nafs-ul-amara“*
genannt: Die Seele, die dem Menschen eingibt, nur an sich
selbst zu denken und das zu tun, was ihm Spaß macht.
Erinnert sich der Mensch dann an seine wahre Bestimmung und erfasst ihn die Reue, so spricht man von *„nafs-
ul-laww-ama“*, der anklagenden Seele.

„Und bei der Seele und ihrer Vollendung - und Er

gewährte ihr den Sinn für das, was für sie unrecht und was für sie recht ist. Wahrlich, wer sie lauterer werden lässt, dem ergeht es wohl; und wer sie in Verderbnis hinabsinken lässt, der wird zuschanden." (**91**:7-10)

Arbeitet der Mensch sodann an sich, um seine Seele tatsächlich lauter werden zu lassen, so wird sie zur *„nafs-ul-mu-dma'inna"*, der beruhigten Seele und schließlich zur *„nafsu- r-radia, mardia"*, zu der gesagt wird:

„Du, O beruhigte Seele, kehre zurück zu deinem Herrn, befriedigt in (Seiner) Zufriedenheit!" (**89**:27-28)

Das ist das höchstmöglich Erreichbare für den Menschen als Individuum.

Und nun zum Menschen in der Gesellschaft:

Eines der wichtigsten Ziele der quranischen Botschaft ist die Errichtung einer ethisch vorzüglichen und gerechten Gesellschaftsordnung. Dass diese nur geschaffen werden kann von aufrichtigen und gerechten Menschen, versteht sich von selbst. Wer ungerecht ist zu sich selbst, indem er seiner göttlichen Bestimmung zuwider handelt, bringt nicht nur Verderben über sich selbst, sondern auch über die Gesellschaft, in der er lebt.

Professor Fazlul Rahman schreibt in „Wichtigste Themen des Qurans": Wo immer es mehr als einen Menschen gibt, da tritt Gott unmittelbar in diese Beziehung zwischen ihnen hinein und stellt so eine dritte Dimension dar, die nicht außer Acht gelassen werden darf von den betreffenden Menschen, ohne dass sie sich selbst in Gefahr begeben." (Seite **37**) Im Quran heißt es dazu:

„Siehst du denn nicht, dass Allah alles weiß, was in den Himmeln ist, und alles, was auf Erden ist? Keine geheime Unterredung zwischen dreien gibt es, bei der Er nicht vierter wäre, noch eine zwischen fünfen bei der Er nicht sechster wäre, noch zwischen weniger oder mehr als diesen, ohne dass Er mit ihnen wäre, wo immer sie sein mögen. Dann wird Er ihnen am Tag der Auferstehung verkünden, was sie getan. Wahrlich, Allah weiß alle Dinge."(**58**:7)

Wie geheim also Absprachen sein mögen, Gott weiß um sie. Der Muslim wird im Quran ständig daran erinnert, dass Er wachsam, aufmerksam, zuhörend und als Zeuge anwesend ist.

„Wahrlich, dein Herr ist auf der Wacht(**89**:16),

„Auch nicht eines Stäubchens Gewicht ist auf Erden oder im Himmel verborgen vor deinem Herrn." (**10**:61)

Als der Quran offenbart wurde, fand sich dort Kritik an zwei eng miteinander verbundenen Aspekten der zeitgenössischen Makkahnischen Gesellschaft, die vornehmlich aus Kaufleuten bestand: zum einen am Polytheismus, also der Vielzahl von Gottheiten, die symptomatisch war für die Segmentierung innerhalb der Gesellschaft. Und zum anderen am krassen ökonomischen Ungleichgewicht zwischen den reichen Handelsfamilien und den Mittellosen. Dies führte zu Zwistigkeiten innerhalb der Gesellschaft, die sich auch auf die umliegenden Stämme ausdehnten. Sklaven wurden hemmungslos ausgebeutet, Diener unterdrückt, den Frauen ihre Rechte vorenthalten. Hier zwei frühe Suren, die den Uneinsichtigen den Spiegel vorhalten:

„Streben nach weltlicher Mehrung lenkt euch ab, bis ihr in die Gräber sinkt."(**102**:1.2)

„Wehe jedem Lästerer, Verleumder, der Reichtum zusammengeschart hat und ihn berechnet, Mal um Mal. Er wähnt, sein Reichtum habe ihn unsterblich gemacht. Nein! Er wird sicherlich bald in das Verzehrende geschleudert werden. Und was lehrt dich wissen, was das Verzehrende ist? (Es ist) das Feuer Allahs, das entzündete, das über die Herzen hinweg züngelt."(**104**:1-7)

Im Islam ist gewiss nichts gegen Reichtum einzuwenden, sofern er rechtmäßig erworben ist und die Mittellosen den ihnen zustehenden Anteil davon abbekommen. Wie Sie wissen, ist diese Abgabe an weniger Begünstigte eine der Säulen, auf denen das Gebäude des Islams ruht. Allerdings war es offenbar in der frühen Zeit des Islam üblich, Schwüre recht eigensüchtiger Art abzulegen, auf deren Einhaltung man sich dann berief:

„Und die von euch, die Reichtum und Überfluss besitzen, sollen nicht schwören, den Anverwandten und den Bedürftigen und den auf Gottes Pfad Ausgewanderten nicht zu geben. Sie sollen vergeben und verzeihen. Wünscht ihr nicht, dass Allah euch vergebe? Und Allah ist vergebend, barmherzig."(**24**:22)

Diese Ermahnung trug Früchte. Denn als die verfolgten makkahnischen Muslime nach Madinah ausgewandert waren, fanden sich dort Gastfamilien, die sogenannten „*ansar*" (Helfer), die ganze Familien bei sich aufnahmen und ihr Heim, ihre Einkünfte, ja sogar ihr Erbe mit ihnen teilten.

Überhaupt gilt Medina als die erste Stadt, die nach der

Ankunft des Propheten und seiner Wahl zum Oberhaupt eine geschriebene Verfassung bekam, in der die Rechte und Pflichten aller Bürger, ob Muslime, Juden oder Christen, genau festgelegt waren. Diese Verfassung trägt bis heute Vorbildcharakter.

Neben der Festlegung der Vermögensabgabe, „*Zakat*", war die Abschaffung des Wucherzinswesens eine der größten Errungenschaften der frühen islamischen Gesellschaft. Hier zwei Quranverse, auf die dies zurückzuführen ist:

„Was immer ihr auf Zinsen verleiht, damit es sich vermehre mit dem Gut der Menschen, es vermehrt sich nicht in den Augen Allahs; doch was ihr an „*Zakat*" gebt, indem ihr nach Allahs Antlitz verlangt - sie sind es, die vielfache Mehrung empfangen werden.(**30**:39)

„Diejenigen, die Zinsen verschlingen, sollen nicht anders dastehen als wie einer, der vom Satan erfasst und zum Wahnsinn getrieben wird. Dies, weil sie sprechen: „Handel ist dasselbe wie Zinsnehmen." Doch Allah hat den Handel erlaubt und das Zinsnehmen verboten. (**2**:275)

Wichtigste Aufgabe der islamischen Gemeinschaft ist es, das Gute zu gebieten und das Böse zu verbieten. Wir werden noch mehr darüber hören in unserer Textarbeit über das Menschenbild im Islam. Und nun wenden wir uns dem Thema Gut und Böse zu.

Gut und Böse

Hier wollen wir uns nun mit dem Prinzip von Gut und Böse befassen, das im Quran als Satan oder „*Iblis*", gelegentlich auch, besonders in der madinensischen Zeit, als „*taghut*" personifiziert wird.

Gott hat den Menschen erschaffen, ihm von Seinem Geist eingehaucht und von den Engeln verlangt, dass sie sich vor ihm niederwerfen. Sie taten es bis auf „*Iblis*", der gemäß Quran zu den „*Dschinn*" gehört. Mit dem Thema „*Dschinn*" werden wir uns in der Textarbeit über Gut und Böse noch beschäftigen. Gott fragt „*Iblis*":

„Was hinderte dich, dich niederzuwerfen, als Ich es dir gebot? Er sprach: Ich bin besser als er, Du hast mich aus Feuer erschaffen, ihn aber erschufst du aus Ton."(7:12)

Es war also der Hochmut von „*Iblis*", der zu diesem Ungehorsam führte. Zur Strafe wird er aus dem Paradies verwiesen und spricht wie folgt zu Gott:

„Wohlan, da Du mich als verloren verurteilt hast, will ich ihnen gewisslich auflauern auf Deinem geraden Weg. Dann will ich über sie kommen von vorne und von hinten, von ihrer Rechten und von ihrer Linken, und Du wirst die Mehrzahl von ihnen nicht dankbar finden. (Gott) sprach: Fort mit dir, verachtet und verstoßen! Wahrlich, wer von ihnen dir folgt - Ich werde die Hölle mit euch füllen allesamt." (7:16-18)

Das erste Werk von „*Iblis*" oder Satan ist, dass er Adam und Eva einflüstert, von dem verbotenen Baum im Paradies zu essen.

Gott verzeiht Adam und seiner Frau, wenn sie auch aus dem Paradies vertrieben werden. Aber Er warnt sie auch vor den Nachstellungen Satans und seiner Horden, vor denen sie und ihre Kinder nur sicher sind, wenn sie sich an die göttlichen Offenbarungen halten.

Auch dem letzten der Propheten nach muslimischer Auffassung, Muhammad(s) wird gesagt:

„Und wenn eine böse Einflüsterung von Satan dich anreizt, dann nimm deine Zuflucht bei Gott; wahrlich, Er ist Allhörend, Allwissend. Fürwahr, die Rechtschaffenen werden, wenn eine Einflüsterung von Satan sie befällt, (Gottes) eingedenk sein. Und siehe, sie beginnen zu sehen."(**7**:200-201)

Immer wieder lesen wir im Quran, dass Satan keine Macht hat über diejenigen, die gläubig sind und ihr Vertrauen in ihren Schöpfer und Erhalter setzen.(z.B.: **16**:99)

In der Tat ist es so, dass die Verführungskünste Satans nicht stark sind. Vielmehr ist es die Schwäche des Menschen, sein Mangel an Aufmerksamkeit und an Mut, sich für das Gute einzusetzen, das dem Bösen den Zugang ermöglicht. Zwar belagert Satan den Menschen von allen Seiten, wie wir bereits gehört haben, versucht ihn, mit allen Mitteln zu überlisten. Aber verantwortlich kann der Mensch ihn am Tag des Jüngsten Gerichts nicht für sein Versagen machen, wie wir im Quran nachlesen können:

„Und wenn die Sache entschieden ist, dann wird Satan sprechen: Allah verhießt euch eine Verheissung der Wahrheit, ich aber verhieß euch und hielt es euch nicht. Und ich hatte keine Macht über euch, außer dass ich euch rief und ihr gehorchtet mir. So tadelt nicht mich, sondern tadelt euch selber. Ich kann euch nicht helfen, noch könnt ihr mir helfen. Ich habe es schon von mir gewiesen, dass ihr mich (Gott) an die Seite stellt. Den Missetätern wird wahrlich eine schmerzliche Strafe.'' (**14**:22)

Gut und Böse liegt also in den Händen des Menschen, und je nachdem wie er seine Willensfreiheit benutzt, wird er im Jenseits das Paradies oder die Hölle vorfinden.

Das Jenseitsverständnis im Quran

Wenn im Quran vom Jenseits die Rede ist, dann wird es umschrieben mit den gleichnishaften Begriffen: Freuden des Gartens und Strafen der Hölle. Solange der Mensch auf Erden weilt, hat er Gelegenheit, Gutes für sich voraus-zuschicken, also den steilen Weg hinauf in Richtung zu seinem Schöpfer und Erhalter einzuschlagen. Oder aber den leichten Weg zu nehmen, mitten hinein in Vergnügun-gen, Streben nach weltlichem Gewinn und jeglichen Annehmlichkeiten des irdischen Lebens. Das führt not-wendigerweise zur Vernachlässigung seiner eigentlichen Bestimmung als Gottes Statthalter auf Erden. Wird ihm klar, dass er sich auf Abwegen befindet, kann er sich je-derzeit Gott wieder zuwenden. Ergreift ihn die Reue für seine bösen Taten jedoch erst „im Angesicht des Todes'' dann ist es zu spät.

Der Mensch ist also ganz allein verantwortlich für sein Tun. Denn er hat es allein in der Hand, ob er seine guten Anlagen aktiviert, oder ob er sie verkommen lässt. Eine stellvertretende Erlösung kennt der Islam nicht.

Die berühmte muslimische Mystikerin des 8. Jahrhun-derts, Rabia al-Adawiyya hat im Hinblick auf Belohnung und Strafe gesagt: „O Gott, wenn ich Dich aus Furcht vor der Hölle anbete, so verbrenne mich in der Hölle, und wenn ich Dich in Hoffnung auf das Paradies anbete, gib es mir

nicht, doch wenn ich Dich um Deiner Selbst willen anbete, so enthalte mir Deine ewige Schönheit nicht vor!" Dieser Ausspruch wird immer wieder von den Muslimen zi-
tiert, doch er hebt für sie nicht das Prinzip der Abrechnung auf.

Über alle Taten des Menschen auf Erden wird ein „Buch
geführt", das ihm am Tag des Jüngsten Gerichts entweder
in die rechte, „die gute Hand oder in die Linke" gegeben
wird:

„Was den anlangt, dem sein Buch (der Rechenschaft)
in die Rechte gegeben wird, so wird er sprechen:
Wohlan, leset mein Buch. Wahrlich, ich wusste, dass
ich meiner Rechenschaft begegnen würde. So wird
er ein erfreuliches Leben haben, in einem hohen
Garten, dessen Früchte leicht erreichbar sind. Esset
und trinket in Gesundheit, zum Lohn für das, was
ihr in den vergangenen Tagen gewirkt. Was aber den
anlangt, dem sein Buch (der Rechenschaft) in die
Linke gegeben wird, so wird er sprechen: O wäre
mir doch mein Buch nicht gegeben worden! Und hätte
ich doch nie erfahren, was meine Rechenschaft ist!
O hätte doch der Tod (mit mir) ein Ende gemacht!
Mein Besitz hat mir nichts genützt. Meine Macht ist
von mir gegangen. Ergreift ihn und fesselt ihn, dann
werft ihn in die Hölle. Dann stoßt ihn in eine Kette,
deren Länge siebzig Ellen ist; denn er glaubte nicht
an Gott, den Großen, und forderte nicht auf zur
Speisung der Armen. Keinen Freund hat er drum
hier heute und keine Nahrung außer Blut, mit Wasser
gemischt, das nur die Sünder essen."(**69**:19-3 7)

Ich habe überlegt, ob ich das Zitat nicht vor der recht

drastischen Beschreibung der Höllenqualen abbrechen sollte. Aber Tatsache ist, dass es recht viele Stellen im Quran
gibt, die den Menschen auf äußert bildliche Weise wach-
zurütteln versuchen. Gottes Eigenschaft der Barmherzigkeit wird zwar zu Beginn jeder Sure (bis auf die neunte)
und an vielen Stellen im Text hervorgehoben. Auch heißt
es in einem Hadith, dass Gott sagt: „Meine Barmherzigkeit überwältigt Meinen Zorn". Aber die Verantwortung
für seine schlechten Taten wird dem Menschen keinesfalls
abgenommen, er allein hat sie zu tragen. Die göttliche
Barmherzigkeit äußert sich, indem der Mensch laut Quran
für jede gute Tat die zehnfache Belohnung erhält, während ihm die böse nur einfach angerechnet wird. Und darin,
dass Gott ihm in jedem Moment seines Lebens die Tore
zur Umkehr vom Irrweg offen hält. Nehmen die Todes-
engel allerdings die Seele des Menschen hinweg, dann sind
die Würfel gefallen.

Während ein Sunnit wie Fazlul Rahman in seinem Kapitel über die Eschatologie kein Wort sagt über den Zustand, in dem sich der Verstorbene nach seinem Tod und
vor dem Tag des Jüngsten Gerichts befindet, ist in der
schi´itischen Literatur über Barzah, eben diesen Zeitraum,
ausführlich die Rede. Barzah heißt nach schi'itischer Auffassung Intervall, wenn etwas zwischen zwei Zeiten liegt.
In einer Quranübersetzung von einem Sunniten wird es
mit Barriere, Schranke angegeben:

> „Wenn der Tod an einen von ihnen herantritt, spricht
> er: Mein Herr, sende mich zurück, auf dass ich recht
> handeln möge in dem, was ich zurückließ. Keines-
> wegs, es ist nur ein Wort, das er ausspricht. Und hinter
> ihnen (von Einbruch des Todes) bis zum Tag, an

dem sie auferweckt werden, ist ein Abstand (Barzah)."(**23**:100-101)

Da sich nirgends im Quran ein Begriff vergleichbar dem Fegefeuer findet, würde also ein Sunnit unter Barzah die Schranke verstehen, die den zu spät reuig gewordenen Menschen darin hindert, auf die Erde zurückzukehren, um das Versäumte nachzuholen.

Der Jüngste Tag, an dem die Abrechnung stattfindet, ist zugleich der Tag, an dem Himmel und Erde transformiert werden:

„Am Tag, an dem diese Erde verwandelt werden wird in eine andere Erde, und der Himmel (ebenfalls); und sie werden (alle) vor Gott hintreten, den Einigen, den Höchsten."(**14**:48)

„Und am Tage, da Wir die Berge vergehen lassen werden, wirst du die Erde kahl sehen."(**18**:47)

„Wenn der Himmel birst; und auf seinen Herrn horcht - und (das) ist ihm Pflicht -, und wenn die Erde sich dehnt, und auswirft, was in ihr ist, und leer wird, und auf ihren Herrn horcht und (das) ist ihr Pflicht".(**84**:1-5)

„Wenn die Sonne verhüllt ist, und wenn die Sterne verdunkelt sind und wenn die Berge fortgeblasen werden.., und wenn die Meere (ineinander) hineinfließen."(**81**:2-6)

„Wenn der Himmel sich spaltet, und wenn die Sterne zerstreut sind und wenn die Flüsse entleert werden, und wenn die Gräber aufgerissen sind, dann wird jede Seele wissen, was sie getan und was sie unterlassen hat."(**82**:1-5)

So ist das irdische Leben mit dem für die letztendliche

volle Gerechtigkeit unerlässlichen Jenseits nach islamischem Verständnis nicht der Prüfstand für Erlösung oder Verdammnis, sondern für Erfolg oder Verlust:

„Und an dem Tage, an dem Er sie versammelt (wird es ihnen sein) als hätten sie nur eine Stunde eines Tages hienieden geweilt. Sie werden einander erkennen. Verloren fürwahr werden jene sein, die die Begegnung mit Allah leugnen und der Leitung nicht folgen wollten."(**10**:45)

Andererseits aber heißt es:

„Und seht zu, dass unter euch eine Gemeinschaft von Menschen sei, die zum Guten auffordern und das Rechte gebieten und Unrecht verwehren. Und sie sind es, die Erfolg haben werden."(**3**:104)

Mehr dazu werden wir noch während der Textarbeit besprechen können.

Gottes Zeichen in der Natur

Im Quran finden sich unzählige Hinweise auf Gottes Zeichen, insbesondere in der Natur, und hierfür werden immer wieder Gleichnisse angeführt:

„Gib ihnen das Gleichnis vom irdischen Leben: Es ist wie das Wasser, das Wir vom Himmel niedersenden, mit dem die Pflanzen der Erde sich sättigen, und dann werden sie dünne Spreu, die der Wind verweht. Allah hat Macht über alle Dinge."(**18**:45)

Im Gegensatz zur Allmacht Gottes steht folgendes Gleichnis vom Menschen, der sich so viel auf seine Errungenschaften zugute hält:

„O ihr Menschen, ein Gleichnis ist geprägt, so höret

darauf. Gewiss, jene, die ihr anruft anstatt Allah, werden in keiner Weise vermögen, (auch nur) eine Fliege zu erschaffen, wenn sie sich dazu auch zusammentäten. Und wenn die Fliege ihnen etwas raubte, sie können es ihr nicht entreißen. Schwach sind (sowohl) der Suchende wie der Gesuchte." (**22**:73)

Selbst für das, was der Mensch spricht, gibt es ein Gleichnis in der Natur:

„Siehst du nicht, wie Allah das Gleichnis eines guten Wortes prägt? (Es ist) wie ein guter Baum, dessen Wurzel fest ist und dessen Zweige in den Himmel (reichen). Er bringt seine Frucht hervor zu jeder Zeit nach seines Herrn Gebot. Und Allah prägt Gleichnisse für die Menschen, auf dass sie nachdenken mögen. Ein schlechtes Wort (aber) ist wie ein schlechter Baum, der aus der Erde entwurzelt ist und keine Festigkeit hat. Allah stärkt die Gläubigen mit dem Wort, das fest gegründet ist, in diesem Leben wie in dem künftigen; und Allah lässt die Frevler irregehen. Denn Allah tut, was Er will." (**14**:24-27)

Um die Gewalt dieses göttlichen Wortes zu versinnbildlichen, heißt es im Quran:

„Hätten Wir diesen Quran auf einen Berg herabgesandt, du hättest gesehen, wie er sich demütigte und sich spaltete aus Furcht vor Allah. Solche Gleichnisse stellen Wir für die Menschen, auf dass sie sich besinnen."(**59**:21)

Wie wir bereits hörten, hat Gott das Vertrauenspfand den Himmeln und der Erde und den Bergen angeboten.

Doch sie weigerten sich, es zu tragen und schreckten davor zurück. Der Mensch in seiner Unwissenheit und Überheblichkeit aber nahm es auf sich.

Und hier noch ein schönes Beispiel aus der Natur, das - so erzählen sich die Muslime zumindest - den Meeresforscher Jacques-Yves Cousteau zum Nachdenken über den Islam gebracht haben soll:

„Er ist es, Der den beiden Gewässern freien Lauf gelassen hat zu fließen, das eine wohlschmeckend, süß, und das andere salzig, bitter; und zwischen ihnen hat Er eine Schranke gemacht und eine Scheidewand."(25:53)

Tatsächlich ist es für den Muslim einer der Beweise dafür, dass der Prophet Muhammad den Quran keineswegs selbst verfasst hat, sondern dass er ihm als göttliche Offenbarung zuteil wurde. Denn wie hätte ein in der Wüstenstadt Makkah geborener Araber das mit der Scheidewand zwischen Salz- und Süßwasser in so prägnante Worte fassen können?

Gottes Zeichen „*ayat*" finden sich also im Quran als Verse und in der Natur, wo sie uns in Form von den sogenannten Naturgesetzen begegnen. Diesen göttlichen Gesetzmäßigkeiten sind Himmel und Erde und alles was auf ihr ist, unterworfen. Sie werden deshalb im Quran (3:83) als „Muslime" bezeichnet, das heißt als Geschaffenes oder Geschöpfe, die sich in den göttlichen Willen hingeben, ja sich fügen müssen.

„Was in den Himmeln und was auf Erden ist, verkündet den Ruhm Gottes, und Er ist der Allmächtige, der Weise."(57: 1)

Der Mensch muss sich, was seine körperlichen Belange

angeht, ebenfalls dem göttlichen Willen anheimgeben. Er muss atmen, essen, schlafen. Aber er hat seinen freien Willen, und so kann er sich entscheiden, ob er Gott anerkennen und sich in Seinen Dienst stellen, also auch diesbezüglich Muslim sein möchte.

Seltsam ist, dass der Mensch die natürlichen Gesetzmäßigkeiten nicht als Zeichen und Wunder betrachtet. Vielmehr verlangt er, dass Propheten, denen er Glauben schenken soll, Wunder, nämlich Dinge oder Ereignisse hervorbringen, die den Gesetzmäßigkeiten zuwider laufen. Man denke an den Stab von Moses, der zur Schlange wird. Wie wir bereits hörten, verlangten die Makkahner auch vom Propheten Muhammad solche Wunder. Zwar schreibt ihm die volkstümliche Überlieferung eine ganze Reihe solcher Wunder zu. Aber das Wunder par excellence für den Muslim ist und bleibt der Quran. Und so schließt er sich der gesamten Schöpfung in der Lobpreisung Gottes an:

„Hast du nicht gesehen, dass es Allah ist, Den alle lobpreisen, die in den Himmeln und auf Erden sind, und die Vögel mit ausgebreiteten Schwingen? Jedes kennt seine eigene (Weise von) Gebet und Lobpreisung. Und Allah weiß wohl, was sie tun.(**24**:41)

DIE ROLLE DER FRAU IM ISLAM

Beruf, Familie, Freizeit, Religion

Lange habe ich darüber gegrübelt, wie ich heute zu Ihnen über die Rolle der Frau im Islam sprechen sollte. Gibt es das überhaupt: die Frau im Islam?

Es gibt die dem Glauben sehr zugeneigte Frau, deren Ideal es ist, dem Vorbild der sogenannten Mütter der Gläubigen nachzueifern, nämlich den Frauen des Propheten Muhammad und den Gefährtinnen aus jener Zeit. Diese gläubige Frau macht stets von ihrem Verstand Gebrauch, befolgt nicht blindlings, was ihr beigebracht wird, sondern steht voll hinter dem, was sie als ihre Pflicht erachtet.

Dann begegnen wir der Frau, die tief in den Traditionen verhaftet ist, in deren Umfeld sie aufgewachsen ist. Ihr ist es so wichtig, die Gefühle ihrer Angehörigen nicht zu verletzten, dass sie kaum wagt, selbständig zu denken oder gar zu handeln.

Und das Äußerste, was man sich auf dieser weitgespannten Skala mit ihren unzähligen dazwischenliegenden Unterteilungen vorzustellen hat, ist die sogenannte moderne Frau, von der oft geargwöhnt wird, der Glaube spiele für sie gar keine ernsthafte Rolle mehr.

Wollen wir es also einmal wagen, uns die vier „Selbstverwirklichungsfelder" Beruf, Familie, Freizeit und Religion jeweils unter diesen drei Blickwinkeln anzuschauen, damit wir zum Schluß - vielleicht und so Gott will - ein einigermaßen abgerundetes Bild von unserer so kritisch unter die Lupe genommenen muslimischen Schwester erhalten.

Beruf

Mariam, für die der wohlverstandene Glaube eine so wichtige Rolle spielt, wird darauf hinweisen können, dass beispielsweise die erste Frau Muhammads, sie hieß Chadidscha - eine sehr erfolgreiche Geschäftsfrau gewesen ist, die ihre Handelskarawanen von Mekka bis nach Syrien schickte, über ihr Vermögen selbst verfügte und in ihrem Handeln in keiner Weise von ihrem Mann eingeengt wurde. Sie wird belegen können, dass muslimische Frauen zu Zeiten des Propheten Kranke und Verwundete betreuten und zu diesem Zweck mit ins Feld zogen. Und sie wird daran erinnern, dass Frauen damals auch zu reisen pflegten: so etwa die ersten Auswanderer nach Äthiopien, die wegen der Verfolgung durch die Nichtmuslime der Einladung des Negus folgten und mehrere Jahre mit Frauen und Kindern unter dessen Schutz lebten. Oder die Auswanderer von Makkah nach Madinah, mit deren Übersiedlung im Jahre 622 die muslimische Zeitrechnung ihren Anfang nimmt. Auch Lehrtätigkeit übten die Frauen des Propheten aus. Das was sie gelernt, erfahren, miterlebt hatten, pflegten sie sowohl an weibliche wie an männliche Wissensdurstige weiterzugeben. Und die Pilgerfahrt zur Ka´aba verrichteten sie, wobei man wissen muss, dass Madinah und Makkah über 400 Kilometer auseinanderliegen und es damals auf Kamelen, Eseln oder zu Fuß gewiss ein langer und beschwerlicher Weg war. Von einigen der frühen Gefährtinnen weiß man, dass sie handwerklich besonders geschickt waren oder dass sie für die Armen sorgten.

Mariam wird auch nicht aus den Augen verlieren, dass der Prophet, Friede sei mit ihm, gesagt hat: „Wissen zu erwerben ist Pflicht für jeden Muslim, Mann sowohl wie Frau, und sei es in China." Mariam wird also versuchen, eine gute Ausbildung zu machen und sich einen Beruf aussuchen, in dem sie ihre Fähigkeiten voll entfalten kann, vorausgesetzt ihre familiären Verpflichtungen erlauben dies. Sie wird sich außer Haus so kleiden, dass sie bei Männern keine Aufmerksamkeit erregt, und sich strikt an die vorgegebenen Umgangsformen mit dem anderen Geschlecht halten. Dabei wird es ihr ungestört gelingen, zum Wohl der Allgemeinheit ihren Beitrag zu leisten.

Weniger gut ergeht es ihrer traditionell ausgerichteten Schwester, der wir den Namen Farida geben wollen. Man hat ihr von klein auf gesagt, dass es für eine Frau nicht wichtig ist, einen Beruf zu haben. Sie musste sich schon früh um die kleineren Geschwister kümmern, der Mutter im Haushalt helfen, konnte die Schule nur besuchen, wenn es nichts „Wichtigeres" gab. Außerdem wurde ihr stets gesagt, dass für sie kein Beruf in Frage komme, in dem sie mit Männern zusammenkomme müsse. Auch verlässt sie ihr Haus nur in einen weiten Mantel gehüllt, das Kopftuch tief in die Stirn gezogen. Sie hat sich damit getröstet, dass der Prophet, Friede sei mit ihm, gesagt hat- „Das Paradies liegt zu Füßen der Mutter" und „Die Frau ist die Königin in ihrem Haus".

Sollten widrige Umstände sie dazu zwingen, doch Geld

verdienen zu müssen, dann bleibt ihr meist nichts anderes als das nächtliche Putzen von Büroräumen. Dort stößt sich niemand an ihrer Kleidung, Männer lassen sich auch kaum sehen - die Familienehre bleibt also gewahrt...

Die dritte im Bunde, die ganz Moderne, Jasmin soll sie heißen, hat meist mitansehen müssen, wie es ihrer in Traditionen eingebundenen Mutter ergangen ist und sich energisch dafür entschieden, ihr Leben anders zu gestalten. Sie lernt eifrig, sucht sich schon beizeiten einen Beruf aus, der ihr Freude zu machen verspricht und schießt - möglicherweise unbewusst - oft übers Ziel hinaus, um nur ja nicht als altmodisch, zurückgeblieben oder gar unterdrückt zu gelten.

Ich erinnere mich gut an so eine Jasmin, die Innenarchitektin war und unbedingt eine Bar in ihrer Wohnung haben wollte, obwohl Alkohol ihr eigentlich überhaupt nicht schmeckte. Jasmins Fingernägel sind häufig noch länger und dunkler lackiert als die Nichtmuslimischer Frauen, die Jeans noch hautenger, die Haare noch länger und verführerischer aufgewühlt.

Sie will aller Welt beweisen, wie effizient sie beruflich ist - es fragt sich nur, ob dabei nicht geistige Werte tatsächlich auf der Strecke bleiben.

Denn mit dem wirklichen Muslimsein sind Dinge wie das täglich fünfmalige Gebet mit den vorangehenden Waschungen unerlässlich.

Wer aber könnte so häufig sein Make-up erneuern, in engen Jeans Verbeugung und Niederwerfung im Gebet vollziehen? Schon darin zeigt sich, dass Muslimsein keine Nebenbeschäftigung ist...

Doch kommen wir zum nächsten Kapitel, nämlich der:

Familie

Mariam, die Nachdenkende, ist sich darüber im Klaren, dass ihre wichtigste und schönste Aufgabe innerhalb der Familie liegt. Gemeint sind damit die gesamten Angehörigen: Eltern, Geschwister, Großeltern, Tanten und Onkel mit Kindern, später der Mann, die eigenen Kinder, Schwiegereltern, Schwäger und Schwägerinnen. Durch jeden Angehörigen, der heiratet, erweitert sich der Familienkreis nochmals erheblich. Da es als Tugend gilt, sich der Familie anzunehmen, kommt auch nie Langeweile auf - irgendwo gilt es immer, Kranke zu besuchen, Neugeborene zu bewundern, eine Verlobung mitzufeiern, Einladungen zu geben oder auf Besuch zu gehen, Hinterbliebene zu trösten. Weil Mariam sich so intensiv ihrer Angehörigen annimmt, kann sie sicher sein, selbst nie allein dazustehen. Seniorenheime, in die pflegebedürftige Eltern, Tanten oder Onkel abgeschoben werden, gibt es so gut wie nicht in islamischen Ländern.

Im Quran heißt es dazu:

„Wir haben dem Menschen Güte gegen seine Eltern zur Pflicht gemacht. Seine Mutter trägt ihn mit Schmerzen, und mit Schmerzen gebiert sie ihn. Und ihn zu tragen und zu entwöhnen erfordert dreißig Monate, bis dann, wenn er seine Vollkraft erlangt und vierzig Jahre erreicht hat, er spricht: Mein Schöpfer und Erhalter, sporne mich an, dankbar zu sein für Deine Gnade, die Du mir und meinen Eltern erwiesen hast, und Rechtes zu wirken, das Dir wohlgefallen mag. Und lass mir meine Nachkommenschaft rechtschaffen sein. Siehe, ich wende mich zu Dir; und fürwahr, ich bin einer von denen, die sich ergeben." (**46**:15)

Und an anderer Stelle lesen wir:

„Dein Herr hat befohlen: Verehret keinen anstelle von Ihm, und (erweiset) Güte den Eltern. Wenn eines von ihnen oder beide bei dir ein hohes Alter erreichen, sage nie pfui zu ihnen und stoße sie nicht zurück, sondern sprich zu ihnen ein ehrerbietiges Wort. Und neige gütig gegen sie die Schwingen der Barmherzigkeit (und Demut). Und sprich: Mein Herr, erbarme Dich ihrer, so wie sie mich ernährten, als ich klein war."(**17**:23-24)

Eine eigene Familie zu gründen ist Pflicht für jeden Muslim und jede Muslima, sofern sie dazu gesundheitlich und wirtschaftlich in der Lage sind. Ein Leben in Askese läuft dem Sinn des menschlichen Daseins zuwider: der Mensch soll seine natürlichen Anlagen und Gaben zur vollen Entfaltung bringen. Im Quran finden wir dies:

„Und unter Seinen Zeichen ist dies, dass Er Gattinnen - Gatten - für euch schuf aus euch selber, auf dass ihr Frieden in ihnen fändet, und Er hat Liebe und Zärtlichkeit zwischen euch gesetzt. Hierin sind wahrlich Zeichen für ein Volk, das nachdenkt." (**30**:21)

In einem besonders schönen Gleichnis heißt es von den ehelichen Lebensgefährten:

„Sie sind euch ein Gewand und ihr seid ihnen ein Gewand."(**2**:187)

Ein Gewand oder Bekleidungsstück gibt Wärme, Geborgenheit, Schutz und Sicherheit - kann man mehr erwarten von einer ehelichen Gemeinschaft?

Mariam schämt sich also nicht ihrer Sexualität. Nur weiß sie, dass sie sich dieser einzig und allein mit ihrem Ehemann erfreuen darf. Eine Liebschaft ist in ihren Augen etwas Ungeheuerliches.

Und nun wieder unsere traditionsbewusste Farida. Sie lebt so in ihren, dem Islam oft nur aufgepfropften, keineswegs beabsichtigten Bräuchen, dass sie sich als Mädchen voll und ganz dem Vater oder den Brüdern unterordnet. Man hat ihr ja den Quranvers mit auf den Lebensweg gegeben:

„Und die Frauen haben die gleichen Rechte, wie sie (die Männer) über sie haben in Billigkeit, doch die Männer haben einen Vorrang vor ihnen; und Gott ist Allmächtig, Weise.(**2**:228)

So lässt sie es häufig auch klaglos über sich ergehen, wenn ihre Eltern oder Brüder einen Mann für sie „aussuchen", heiratet, ohne ihren Mann vorher wirklich kennengelernt zu haben -unverheiratete Männer und Frauen dürfen ja nicht zusammenkommen - und ist voll der Dankbarkeit, wenn es ein guter Mann ist, den sie lieben lernt. Oder aber trägt es geduldig als Prüfung Gottes, wenn sie nicht gerade das große Los gezogen hat. Sie wagt es nicht, an Geburtenkontrolle auch nur zu denken und zittert vor Angst vor Mann und Schwiegermutter, wenn sie womöglich kein Kind oder „nur" Mädchen zur Welt bringt. Trost findet sie vor allem bei den Zusammenkünften mit anderen Frauen, bei denen Männer keinen Zutritt haben. Denn ihr Mann seinerseits ist so an Männergesellschaft gewöhnt, dass er seine Freizeit weitgehend mit Freunden verbringt. Mann und Frau sehen sich bei Tisch und nachts im Ehebett. Ihr wurde vor der Hochzeitsnacht der Quranvers vorgelesen:

> „Eure Frauen sind euch ein Acker; so nahet eurem Acker wann und wie ihr wollt, und sendet etwas voraus für euch und fürchtet Gott und wisset, dass ihr Ihm begegnen werdet; und bringe frohe Botschaft den Gläubigen."(2:223)

Und wie steht es mit Jasmin, der Supermodernen und ihrer Einstellung zum Thema Familie? Jasmin entscheidet sich, wenn irgend möglich, für die Kleinfamilie nach westlichem Vorbild. Die Angehörigen vor allem der Eltern- und Großeltern- sowie der Onkel- und Tantengeneration fallen ihr auf die Nerven, weil sie ihr mit Misstrauen begegnen, offenbar nur darauf lauern, dass etwas schief geht mit diesem aus der Art geschlagenen Küken.

Also hält sie in Schule oder Universität beziehungsweise am Arbeitsplatz selbst Ausschau nach dem passenden, ebenfalls „modern" gesinnten Partner. Allerdings weiß sie, dass voreheliche Beziehungen ihre Heiratschancen nahezu auf Null reduzieren, dass sie sich völlig isolieren würde, wenn sie einen nichtmuslimischen Mann heiraten würde. Und dazu sind die islamischen Moralbegriffe doch zu tief in ihr verwurzelt. Sie hat jedenfalls verstanden, dass es im Islam sehr leicht ist, zu heiraten, wenn man jemanden liebt und das tut sie dann auch.

Notfalls ist ja auch die Scheidung erlaubt, wenn sie auch nach einem Prophetenwort das „verhassteste unter den erlaubten Dingen ist".

Vor Verhütungsmitteln hat sie keine Scheu, denn sie weiß, dass selbst unter den Prophetengefährten die damals mögliche und bekannte Methode praktiziert wurde. Schließlich will man als jung Verheiratete erst mal das Leben ohne Kindersegen genießen...

Und das bringt uns zur:

Freizeit

Mariam hat diesbezüglich in ihren Büchern geblättert und gelesen, dass der Prophet durchaus mit seinen Frauen auch Freizeitvergnügungen kannte. So weiß man, dass er mit seiner wesentlich jüngeren Frau Aischa Wettläufe veranstaltete. Ich habe vor einiger Zeit einen Fernsehbericht über muslimische Familien in Deutschland gesehen und meinen Spaß an einer jungen Frau gehabt, die ganz in Kopftuch, weiten langen Pulli und Schlapperhosen gehüllt mit ihrem Mann Schlittschuh lief. Auch kenne ich eine Imam-Familie, die im Sommer Urlaub am Meer macht und wo die Frau an einem abgelegenen Platz in langen Pluderhosen, langärmeliger Bluse und Kopfbedeckung sich das Baden nicht nehmen lässt. In einer anderen Familie wird ein Ruderboot gemietet und so weit hinausgefahren, dass die sportliche junge Frau ungesehen von fremden Männeraugen schon mal einen Kopfsprung wagen kann.

Lesen von lehrreichen Büchern, Anschauen von Tatsachenberichten im Fernsehen, Spaziergänge und viel Spielen mit Kindern steht durchaus auch auf der Tagesordnung.

Recht geteilt sind die Meinungen was Musik machen oder anhören, Malen, Liebesromane lesen oder Kriminalfernsehspiele anschauen angeht.

Alles was von den Realitäten des Lebens zu sehr ablenkt, dazu angetan ist, einen in romantische Träumereien zu verstricken, sollte nach Mariams Meinung besser vermieden werden. Warum nicht ein Strickzeug oder einen Stickrahmen zur Hand nehmen, dazu vielleicht ein Gespräch unter Frauen oder in der Familie?

Reisen dagegen wird sehr empfohlen, weil man durch die Entbehrungen des Unterwegsseins das Zuhause erst richtig zu schätzen vermag, andere Menschen trifft, fremde Lebensgewohnheiten beobachten kann, vielleicht manche Anregung mit heim nimmt.

Das schönste Freizeitvergnügen unserer Schwester Farida ist das Picknick mit der Familie oder befreundeten Familien und Nachbarn. Dafür steht sie schon im Morgengrauen auf, bäckt, wäscht Obst, bereitet Thermosflaschen voll Tee und kühle Getränke für die Kinder vor, schleppt alles ins Auto, vom Auto zum Picknickplatz und wieder zurück und hat eigentlich noch mehr Mühe als sonst.

Nachmittags mit anderen Frauen zusammenkommen ist eine andere Abwechslung, nur sitzt kaum eine dabei, die nichts tun würde. Es wird genäht, gestickt, Kinder toben ab und zu durch die Versammlung, müssen versorgt werden. Handelt es sich um die Farida, die wir hier in Deutschland am häufigsten zu Gesicht bekommen, die Türkin mittleren Alters, die sich immerhin schon die Freiheit erkämpft hat, abends ein Büro putzen zu dürfen, dann sieht ihr Urlaub etwa so aus:

Sie hat den wesentlichen Teil ihres Verdienstes gespart, um für die Angehörigen in der Heimat Geschenke kaufen zu können. Ihren Urlaub nimmt sie in einem, denn die weite Reise würde sich nicht lohnen, wenn man abgesehen von der angestrengten Hin- und Rückreise im eigenen Auto oder im preiswerten Reisebus nicht mindestens vier Wochen in der Türkei bleiben kann. Ist sie aus einer bäuerlichen Familie, kann es geschehen, dass sie - statt sich im Urlaub zu entspannen - bei der Ernte hilft. Oder sie sorgt endlich mal für die alten Eltern oder Angehörigen, muss viele Verwandte besuchen, die Geschenke abliefern und, ganz wichtig, Vorräte für die Heimreise zusammenkaufen - ein Jahr wird es dauern, bis sie wieder Gelegenheit haben wird, die gewohnten Gewürze, Nüsse, getrockneten Paprikaschoten preiswert einzukaufen. Wundert es einen da, wenn sie Monate braucht, um sich von ihrem Urlaub einigermaßen zu erholen?

Kino, Restaurantbesuche oder wirkliche Entspannung gibt es in Faridas Leben kaum. Stattdessen wird von ihr verlangt, dass sie ihre Familie mit der weithin berühmten türkischen Küche verwöhnt, die sehr arbeitsaufwendig ist. So ist es nur allzu verständlich, wenn sie meist schon in mittleren Jahren ganz schön mollig ist. Essen ist möglicherweise das einzige ungetrübte Vergnügen für sie.

Jasmin dagegen versagt sich kaum irgendeine der üblichen Ablenkungen. Sie leistet sich ein Auto, fährt mit Freundinnen spazieren, geht auch schon mal in eine Disko, hat eine Musikanlage und macht womöglich auch einen Strandurlaub, allerdings nicht in ihrem Heimatland.

Sie unternimmt gerne einen Einkaufsbummel, liest Liebesromane und schaut sich Musical- oder Grusical-Filme im Fernsehen an. Allerdings wird sie nur in den seltensten Fällen alleine wohnen. Solange sie nicht verheiratet ist, bleibt sie bei ihren Eltern oder in der Familie eines Bruders. Heiraten wird sie nur, wenn sie und ihr Mann es sich leisten können, eine eigene Wohnung zu haben. Denn sich ihrer Schwiegermutter unterzuordnen, das schafft sie einfach nicht. Jasmins Freizeitgestaltung unterscheidet sich also kaum von der gleichaltriger nichtmuslimischer Mädchen und Frauen.

Doch nun wollen wir zum wichtigsten und abschließenden Kapitel kommen, nämlich der

Religion

Und hier bleiben wir gleich mal bei Jasmin, wählen also die umgekehrte Reihenfolge. So modern unsere Jasmin auch scheinen mag, irgendwo in ihrem Herzen ist und bleibt sie doch Muslima. Sie ist vielleicht im Augenblick zu beschäftigt, um regelmäßig zu beten, aber sie denkt in einem Winkel ihres Herzens doch daran, dass sie einmal, wenn sie älter und alles um sie herum ruhiger sein wird, damit anfangen könnte. Oder das Fasten -merkwürdigerweise gibt es viele Frauen, die zwar nicht beten, aber im Ramadan doch fasten, zumindest zeitweise. Dazu muss man wissen, dass in Ländern mit muslimischer Bevölkerung im Ramadan tagsüber Essen tatsächlich tabu ist. Man wird kaum ein Restaurant finden, das geöffnet ist. Auf der Straße wagt in dieser Zeit niemand, öffentlich zu essen, zu trinken oder zu rauchen. Kinder und alte oder kranke Menschen sowie Frauen, die während ihrer Periode, der Schwangerschaft oder Stillzeit nicht fasten - die Tage aber zu anderer Zeit nachholen müssen - essen nur ganz verstohlen und so, dass es möglichst niemand sieht. Man will keine Gefühle verletzen.

Wenn also unsere Jasmin schon nicht den ganzen Ramadan fastet, wird sie vielleicht wenigstens das Rauchen sein lassen in dieser Zeit. Schade, dass sie kaum auf die

Idee kommt, in den Quran zu schauen. Sie hat vielleicht von der Großmutter gehört, dass das Buch nur von denen berührt werden soll, die rein sind und kann sich schon gar nicht erst aufraffen, die rituelle Waschung vorzunehmen. Auch diese Lektüre meint sie, sich für die alten Tage aufsparen zu können.

Jasmin glaubt an Gott, sie hat auch große Angst vor dem Sterben und dem, was danach kommt, denn ihr schlechtes Gewissen lässt sie tief im Innersten nie ganz in Ruhe. Umso hektischer muss sie sich in ihre berufliche Karriere, ihren Freundinnen-Kreis oder ihre familiäre Zweisamkeit stürzen. Es soll ja nicht so viel Zeit zum Nachdenken sein.

Wenn sie Kinder bekommt, hält sie meist doch Ausschau danach, wo diese Religionsunterricht bekommen könnten - in ihr eigenes Wissen setzt sie nicht viel Vertrauen. Ich kenne eine ganze Reihe von Jasmins, die aus Liebe zu ihren Kindern oder aus Angst darum, was aus ihnen einmal werden soll, den Islam ernst zu nehmen beginnen. Sie haben sich teilweise zu kompetenten Dialogpartnerinnen mit Andersgläubigen entwickelt, weil sie sich besser in andere hineindenken, deren Zweifel und Einwände besser verstehen können. Ihre eigenen inneren Kämpfe helfen ihnen, akzeptable Antworten zu finden.

Und Farida? Wenn sie aus einer ländlichen Gegend stammt, mag es sein, dass sie in ihrer Muttersprache weder lesen noch schreiben gelernt hat. Dafür war sie aber mit Sicherheit in der Dorfmoschee und hat dort brav und artig das Gebet auf Arabisch sagen gelernt, allerdings ohne zu wissen, was sie spricht. Möglicherweise kann sie sogar den Quran auf Arabisch lesen, nur begreift sie nicht, was das Gelesene bedeutet. Aber es liegt so viel Segen in diesen Worten, die seit 1400 Jahren von unzähligen Menschen auf dem ganzen Erdenrund wiederholt werden, dass ihr oft beim Beten die Tränen in die Augen treten. Sie spürt, es ist etwas Gutes, Hilfreiches. Im Ramadan, den sie strikt einhält, geht sie unter Tags zu Frauenzusammenkünften und hört sich erbauliche Erzählungen aus dem Leben des Propheten und seiner Gefährten an. Abends verrichtet sie lange zusätzliche Gebete, nach dem anstrengenden Fastentag und obwohl sie sehr früh am nächsten Morgen auf den Beinen sein muss, um das Mahl vor Fastensbeginn, gut zwei Stunden vor Sonnenaufgang, für die Familie auf den Tisch zu bringen.

Das Glaubensbekenntnis - es gibt keine Gottheit außer dem einen Gott und Muhammad ist Sein Prophet - und die fünf Säulen des Islam sind ihr wichtigstes religiöses Rüstzeug. Die erste Säule - das Bekenntnis zur Einheit Gottes - wird in ihren fünfmaligen Gebeten jeden Tag bekräftigt. Die zweite Säule, das Gebet, bestimmt ihren Tagesablauf, gibt ihm einen gewissen Rhythmus. Die dritte Säule - das Fasten - nimmt sie überaus ernst und holt auch durch Krankheit oder Unpässlichkeit versäumte Tage sorgfältig im Lauf des Jahres nach. Die vierte Säule - die Zuwendung an Bedürftige - kann sie oft nicht in Geld ableisten, weil sie selbst kaum etwas übrig behält. Aber sie macht es wett, indem sie Kranke besucht, Nachbarinnen hilft, sich anderer Kinder annimmt, deren Eltern sich zum Beispiel wegen Berufstätigkeit nicht um sie kümmern können. Für die fünfte Säule schließlich - die Pilgerfahrt nach Makkah mindestens einmal im Leben, sofern die Mittel dazu vorhanden sind   spart sie oft viele, viele Jahre. Erst in hohem Alter, wenn die Kinder versorgt und aus dem Haus sind, schafft sie es dann, tatsächlich dorthin zu reisen. Und das ist der religiöse Höhepunkt ihres Lebens. Hier trifft sie Menschen aus aller Herren Länder, mit allen nur möglichen Hautfarben und Trachten, die wie sie nur ein Ziel haben: einige Tage alles andere hinter sich zu lassen und an jenen Orten Gott ganz nahe zu sein, wo auch der Prophet und seine Gefährten schon diesen geheiligten Ritus vollzogen.

Sie versteht nicht die Sprachen der anderen Frauen, aber sie beten alle in derselben Sprache, lächeln sich zu, danken Gott, dass sie das noch erleben durften.

Mariam kennt nicht nur den Quran ziemlich gut, sie liest auch viel über ihren Glauben, was von islamischen Denkern und Gelehrten geschrieben worden ist. Dadurch ist sie zu der Überzeugung gelangt, dass das Leben auf Erden als Prüfung zu verstehen ist. Es kommt ihr darauf an, die fünf Beziehungen, die der Mensch zu sich selbst, zu Gott, zu seinen Mitmenschen, zu anderen Geschöpfen und zur Umwelt hat, auf gesunder, ausgewogener Grundlage zu pflegen und auszubauen. Wenn sie nicht mit sich selbst einigermaßen im Reinen ist, das weiß Miriam, dann kann sie auch keine fruchtbare Beziehung zu ihrem Schöpfer entwickeln. Sie hat längst begriffen, dass der goldene Mittelweg der Schlüssel zum Erfolg ist, während Übertreibung, selbst in Dingen wie Gebet und Fasten, ja sogar im Spenden für Notleidende, von Übel ist. Der Mensch hat schließlich Rechte und Pflichten sich selbst und anderen gegenüber. Sein Körper hat ein Anrecht auf genügend Schlaf, bekömmliches Essen und bequeme Kleidung, wie die Seele auf menschliche Wärme, geistige Nahrung und ein höheres Ziel im Leben als nur materielles Wohlergehen.

Einer von Mariams liebsten Versen im Quran ist der Folgende:

„Wahrlich, die gottergebenen Männer und die gottergebenen Frauen, die gläubigen Männer und die gläubigen Frauen, die gehorsamen Männer und die gehorsamen Frauen, die wahrhaftigen Männer und die wahrhaftigen Frauen, die standhaften Männer und die standhaften Frauen, die demütigen Männer und die demütigen Frauen, die Männer, die Almosen geben und die Frauen, die Almosen geben, die Männer die fasten und die Frauen, die fasten, die Männer, die ihre Keuschheit wahren und die Frauen, die ihre Keuschheit wahren, die Männer, die Gottes häufig gedenken und die Frauen, die (Seiner häufig) gedenken - Gott hat ihnen Vergebung und einen herrlichen Lohn bereitet."(**33**:37)

Dazu muss man wissen, dass in der arabischen Sprache in der Mehrzahl bei Verwendung der männlichen Form automatisch auch Frauen miteingeschlossen sind. Dass in einem so langen Vers also ganz ausdrücklich immer Männer und Frauen eigens angesprochen werden, betont ihre individuelle Verantwortlichkeit gerade in religiösen Dingen. Es sind auch keineswegs nur die Frauen, von denen Gehorsam und Demut - selbstverständlich Gott gegenüber - erwartet wird, nein, auch von den Männern werden diese Eigenschaften ausdrücklich gefordert!

Unsere Zeit hat leider nur gereicht, um ganz zart anzutippen, welche Rolle der muslimischen Frau in Beruf und Familie, in der Freizeit und in der Religion zukommt. Mein kleines Experiment mit Mariam, der Denkenden, ihre Vernunft Gebrauchenden, Farida, der in den Islam Hineingeborenen und darin Verhafteten, und Jasmin, die hin- und hergerissen ist zwischen zwei Welten, sollte Sie dazu anregen, Fragen, ruhig auch kritische, zu stellen. Und ich hoffe, ich werde auch kräftige Unterstützung bei der Beantwortung aus den Reihen der hier Anwesenden erhalten. Ich würde mich freuen, wenn Sie auch noch die Meinung anderer zu hören bekämen.

Lassen Sie mich schließen mit einem Quranvers, der uns alle, die wir hier versammelt sind, betrifft und uns anspornen möge:

„Wahrlich, der Mensch ist aus Ungeduld erschaffen; wenn ihn Schlimmes trifft, ist er voller Klage, doch wenn ihm Gutes widerfährt, ist er knauserig. Nicht so die, die beten, die standhaft an ihrem Gebet festhalten, und die, in deren Besitz ein bestimmter Anteil ist für den Bittenden sowohl wie für den, der es nicht kann. Und die, die den Tag des Gerichts für wirklich erklären. Und die das Missfallen ihres Herrn fürchten - denn wahrlich, das Missfallen ihres Herrn ist das Gegenteil von Frieden und innerer Ruhe..., und die das ihnen Anvertraute wahren und ihre Verträge einhalten, und die, die aufrichtig sind in ihrem Zeugnis, und die ihre Gebete getreulich verrichten, diese sind es, die in den Gärten sein werden, hochgeehrt."(**70**:19-28/32-35)

DIE GEISTIGEN DINGE UND
DIE FRAU IM ISLAM

Die geistigen Dinge und die Frau - ist es nicht so, dass diese beiden Begriffe für die Mehrheit der Menschen im Gegensatz zueinander zu stehen scheinen? Eine Frau ist entweder hübsch oder klug oder erfolgreich oder eine tüchtige Hausfrau und Mutter. Unter glücklichen Umständen besitzt eine Frau sogar zwei oder mehrere dieser Eigenschaften. Wo aber bleiben die geistigen Dinge? Wie auch sollte sie überhaupt Zeit aufbringen für ihre Spiritualität? Selbst wenn man Männern diesbezüglich Zugeständnisse macht, bedeutet das kaum, dass man der Frau ohne zu murren dasselbe Recht einräumt. Von ihr wird erwartet, dass sie erdgebunden sei, zu beschäftigt mit Alltagsdingen, um sich in geistige Sphären zu erheben. Ganz ehrlich: würde eine Frau ihrem Mann sagen, dass sie, anstatt abends fernzusehen, sich lieber irgendwo ganz in Ruhe zurückziehen würde, um ihre Gedanken zu sammeln, dann würde er sie höchstwahrscheinlich ganz erstaunt anschauen und, falls er eher ein Grobian ist, fragen, ob sie verrückt geworden sei oder, sollte er gutmütig sein, sie mit einem nachsichtigen Lächeln entlassen.

Doch wollen wir uns zunächst einmal damit befassen, was ganz allgemein unter Spiritualität zu verstehen ist. Wenn wir Muslime uns umsehen - und hier spreche ich ganz be-

sonders von uns Muslimen, die wir in einer westlichen Umwelt leben -, dann werden wir feststellen, dass wir uns eigentlich in einer ziemlich ähnlichen Lage befinden, wie
die Leute in der wunderschönen Geschichte von den In-
selbewohnern. Während ihre Vorfahren - die durch ein Miss-
geschick aus dem vollkommensten Land der Glückseligkeit auf die Insel verschlagen worden waren - zumindest
noch eine ganz schwache Erinnerung an ihr früheres freud-
volles Dasein im Herzen getragen hatten, kannten die Inselbewohner schließlich nichts anderes mehr als ihren ge-
genwärtigen Zufluchtsort. Da fanden sie ihre Nahrung,
konnten sich kleiden, hatten ihre Unterkunft und zogen
ihre Kinder groß. So schien also alles gut und recht zu
sein. Eines Tages jedoch tauchte ein Mann bei ihnen auf,
der ihnen erzählte, dass sie, sofern sie nur lernen würden
zu schwimmen oder Schiffe zu bauen, von ihrer Insel aufbrechen und wieder einen Aufenthaltsort von schier un-
vorstellbarer Herrlichkeit erreichten könnten. Gar manche der Inselbewohner begannen, mit solch aufregenden
Aussichten vor Augen, viel ihrer Zeit und Energie darauf
zu verwenden, Schwimmen und Schiffsbau zu erlernen. Bald erfuhr der Herrscher der Insel davon und fing an,
seinen Untertanen in beschwörenden Worten vorzuhalten,
dass sie doch alles hätten, was sie benötigten und dass es
folglich völlig unnötig für sie sei, das Schwimmen oder
den Bau von Schiffen zu erlernen und dass es für die Schiffe
sowieso keine Verwendung gebe. Sie seien doch so ver-
nünftig, dass sie sich alles, was sie brauchten, auf der Insel beschaffen könnten. Warum sollten sie sich also die
Mühe machen und darüber womöglich noch ihre Pflichten auf der Insel vernachlässigen? Und davon abgesehen,

wenn Schiffe oder das Schwimmen irgendwelchen tatsächlichen Nutzen hätten, wer könne ihm dann Schiffe zeigen, die eine Reise unternommen hätten oder Schwimmer, die je zurückgekehrt seien?

Es half dem Prediger wenig, als er die Leute darauf aufmerksam machte, dass der Bau von Schiffen eine gewisse Kunstfertigkeit erfordere, die etwas in sich berge, was man „*baraka*" nennt und dass der Gleichklang dieses Wortes mit dem Begriff Barken - Schiffe - doch nicht zufällig sei. Es wurde ihm verboten, die Inselbewohner weiter zu lehren und Schiffe wurden gebrandmarkt als „imaginäre Fahrzeuge, von denen ein Betrüger behauptete, man könne damit das Wasser überqueren, was sich mittlerweile wissenschaftlich als unhaltbar erwiesen habe". So also hatten die Inselbewohner bald wieder nichts anderes mehr im Sinn als ihren materiellen Wohlstand und lebten in Bequemlichkeit und priesen sich gegenseitig für ihr fortschrittliches Denken.

Nur ein einziger Mann wagte es, sich nach einiger Zeit zu dem vertriebenen Prediger zu begeben und von ihm zu verlangen: „Lehre mich schwimmen." „Das will ich gerne tun. Aber du musst dann alles zurücklassen." Ja, natürlich. Ich muss lediglich mein Fässchen Kohl mitnehmen." „Was für einen Kohl?" „Nun, das Essen, das ich auf der anderen Insel brauchen werde." „Es gibt dort viel bessere Dinge zu essen." „Da bin ich nicht so sicher. Ich muss meinen Kohl dabeihaben." „Aber du kannst nicht schwimmen mit einem Fässchen voll Kohl." „Dann kann ich nicht aufbrechen…"

Wie seltsam ist das doch: Gott hat uns einen herrlichen Weg eröffnet, der uns näher zu Ihm führt, wenn wir nur

bereit sind, auf den „*ruh*", den Geist, den Er uns eingehaucht hat, zu lauschen, am „*iman*" festzuhalten, was bedeutet, an Ihn zu glauben und Ihn als unseren einzigen
Schöpfer und Erhalter anzuerkennen, uns mit allen uns zu
Gebote stehenden Kräften darum zu bemühen, Sein Wohlgefallen zu erlangen, indem wir das befolgen, was Er uns
durch Seine auserwählte Religion, den Islam - wörtlich:
die Gottergebenheit - offenbart hat, und wenn wir aufrichtig be-strebt sind, uns Ihm durch den „*ihsan*" zu nä-
hern, das heißt durch intensives Nachdenken über Seine
unendliche Barmherzigkeit. Alle diese Möglichkeiten sind
vor uns ausgebreitet - doch wer von uns ist schon bereit,
sein Fässchen voll Kohl zurückzulassen?

Tatsache ist, dass die geistigen Dinge heute bei den meisten Menschen als etwas für hoffnungslose Träumer gelten, die den Boden unter den Füßen verloren haben, oder
aber für sehr selbstsüchtige Leute, die nichts anderes als
ihr eigenes eingebildetes geistiges Wohlergehen im Sinn
haben.

Interessant ist jedoch, was „Der Neue Knaur" über das
Wort Geist (lateinisch spiritus) zu sagen hat: „Imma-
terielles, substantielles, einfaches, lebendiges und schöp-
ferisches Prinzip, das im Gegensatz zum Stoff, aber auch
zur bloß animalischen Beseeltheit verstanden wird. - Als
subjektiver Geist ist der Geist individuell und Wesens-
moment des Menschen; er äußert sich in Verstand, Selbst-
und Seinsverständnis, in freier Selbstverwirklichung und
schöpferischem Handeln..."

Spiritualität muss davon in Übereinstimmung mit dem
persönlichen Verständnis jedes einzelnen abgeleitet werden. Doch ist sie unbestreitbar etwas Immatcrielles und

doch durchaus Substantielles, etwas sehr Einfaches.

Und wenn sie nicht durch schieren Materialismus erstickt wurde, ist sie auch außerordentlich lebendig und wunderbar schöpferisch.

Um auf Knaurs „Geist, der sich im Verstand des Menschen äußert" zurückzukommen: ob ein Mensch tatsächlich Spiritualität besitzt, zeigt sich in seiner Fähigkeit, nachzudenken - ist er im Stande, sich ihrer in richtiger Weise zu bedienen, indem er erkennt, woher er kommt und wer ihm das Leben gab? Kann er sich selbst verstehen und den Sinn seines Daseins, den Zweck, für den er lebt? Und kann er den Zweck seines Daseins ungehindert verwirklichen, indem er sich seiner Fähigkeiten entsprechend der Absicht seines Schöpfers bedient, indem er die Prüfungen, die ihm auferlegt werden, auf sich nimmt und geläutert, weiser, mit einem deutlicheren Verständnis für seine Rolle hier auf Erden daraus hervorgeht? Und kann er sich von alten und unnützen Gewohnheiten und Sehnsüchten trennen, um dadurch seine Vorstellungskraft von diesem Ballast zu befreien, so dass seine schöpferischen Eigenschaften sich voll entfalten können, er in Übereinstimmung mit dem Willen Gottes handelt und als Gottes Stellvertreter auf Erden nicht das wunderbare Gleichgewicht in der Natur zerstört, sondern sie sich auf vernünftige und verantwortungsvolle Weise dienstbar macht, indem er schöne und nützliche, nicht hässliche und schädliche Dinge schafft?

Es ist erstaunlich, wie die ziemlich sachliche Beschreibung im Knaur in ihrem Kern mit dem übereinstimmt, was wir in den Offenbarungen über den Geist und die Spiritualität lesen. Lassen Sie mich aus der Bibel zitieren:

„Sondern (wir verkünden) wie geschrieben steht: ‚Was

kein Auge gesehen und kein Ohr gehört hat und was in keines Menschen Herz gedrungen ist, alles das hat Gott denen bereitet, die ihn lieben. Denn uns hat es Gott offenbart durch den Geist; denn der Geist erforscht alles, sogar die Tiefen Gottes. Welcher Mensch nämlich weiß, was im Menschen ist, als nur der Geist des Menschen, der in ihm ist? So erkennt auch keiner, was in Gott ist, als nur der Geist Gottes. Wir aber haben nicht den Geist der Welt empfangen, sondern den Geist, der aus Gott stammt, damit wir erkennen, was uns von Gott in Gnaden verliehen ward. Davon reden wir auch, aber nicht in angelernten Worten menschlicher Weisheit, sondern in Worten, die wir vom Geiste lernten, indem wir Geistesgut in Geistesworten ausdrücken. Ein naturhafter Mensch aber nimmt nicht auf, was vom Geiste Gottes stammt; denn es ist ihm eine Torheit, und er vermag es nicht zu begreifen, weil es geistig beurteilt werden will." (1. Korintherbrief 2:9-14)

Und im Quran lesen wir:

„Und (gedenket der Zeit) da dein Herr zu den Engeln sprach: Ich bin im Begriffe, den Menschen aus trockenem, tönendem Lehm zu erschaffen, aus schwarzem, zu Gestalt gebildetem Schlamm; wenn Ich ihn nun vollkommen geformt und ihm Meinen Geist eingehaucht habe, dann fallet vor ihm dienend nieder.' Da fielen die Engel alle zusammen nieder. Nicht so „*Iblis*"; er weigerte sich, unter den Niederfallenden zu sein."(Quran Sure **15**:28-31)

So wurde also der Geist dem Menschen von seinem Schöpfer eingehaucht und er ist eine so köstliche Gabe, dass sich selbst die reinen Engel bereitwillig vor ihm verneigen. Nur die Mächte des Bösen, die Stolzen und Neidischen weigern sich, sich vor diesem göttlichen Geschenk an den Menschen zu verneigen; ja, es ist sogar ihre erklärte Absicht, es zu besudeln. Nur die aufrichtigen Diener Gottes sind es, über die Mächte des Bösen keine Gewalt haben.

So wird uns also sowohl in den vorangegangenen Offenbarungen wie auch im Quran gesagt, dass es einzig und allein der uns von Gott mitgegebene Geist ist, der uns von den übrigen Geschöpfen unterscheidet. Darum ist es unsere heilige Pflicht, diesen Geist zur Entfaltung zu bringen und ihn nicht unter materiellen Sorgen, sinnlichen Freuden oder auch unter gar zu hektischer Arbeit für die Sache des Islam verkümmern oder verschüttet gehen zu lassen.

Wenn unsere Tätigkeit auf diesem Gebiet dazu führt, dass wir in unserem täglichen Gebet anstatt bewusst die Worte „*allahu akbar und aschhadu an la ilaha illa-Ilah*" (Gott ist der Größte und ich bezeuge, dass es keine Gottheit außer dem (einen) Gott gibt) auszusprechen, sie nur noch Lippenbekenntnis sind, während unsere Gedanken unbewusst zur letzten oder nächsten islamischen Zusammenkunft oder irgendeiner anderen muslimischen Angelegenheit abschweifen, dann wird es höchste Zeit für uns, uns selbst Einhalt zu gebieten. Der Islam ist für uns der schönste und geradeste Weg näher zu Gott, aber er darf nicht zum Endzweck werden. Er ist nur der Mittler zur Erlangung des göttlichen Wohlgefallens. Wenn wir erst einmal verstanden haben, was für eine kostbare Verantwortung, welche beglückende Bürde die Spiritualität für uns ist, dann müssen wir unsere Kräfte bewusst darauf ausrichten, auch dementsprechend zu leben. Allerdings sollten wir uns darüber im Klaren sein, dass echte Spiritualität es absolut nicht nötig hat, für sich selbst Reklame zu machen. Sie ist vielmehr etwas so Starkes, Mächtiges, dass sie sich ganz von selbst dem kundtut, der offene Augen und einen aufnahmefähigen Verstand hat. Sie ist wie eine Art von Geheimsprache, die unter jenen benützt wird, die sie besitzen, zu fein und zart, um von anderen verstanden zu werden.

Dies führt uns zu einem sehr wichtigen Aspekt der Spiritualität, den ich ausgezeichnet erklärt fand bei Frithjof Schuon: „Die (menschlichen) Tugenden bezeugen die Schönheit Gottes. Es ist unvernünftig und verderblich - für einen selbst wie für andere -, die Wahrheit zu denken und die Großherzigkeit außer Acht zu lassen.... Den Geboten des Qurans entsprechend erfordert das Gedenken an Gott die Grundtugenden und - im Zusammenhang mit ihnen -die Werke der Tugend, die je nach den Umständen erforderlich werden.. Die grundlegenden und allgemeinen Tugenden, die von der menschlichen Natur nicht zu trennen sind, sind die Demut oder die Selbstverleugnung; die Nächstenliebe oder die Großherzigkeit; die Wahrhaftigkeit oder Aufrichtigkeit und die Unparteilichkeit; sodann die Wachsamkeit oder Beharrlichkeit; die Genügsamkeit oder die Geduld und schließlich die Seinseigenschaft der einenden Frömmigkeit, der geistigen Formbarkeit und der Anlage zur Heiligkeit." (F. Schuon: Den Islam verstehen, 0.W. Barth Verlag, München, 1988, S. 184/185).

Ich meine, es versteht sich von selbst, dass die Spiritualität denjenigen meidet, der stolz oder eigensüchtig, neidisch oder geizig, verlogen oder unaufrichtig, nachlässig, ungeduldig und voreingenommen gegen Frömmigkeit ist. Um unseren Teil dazu beizutragen, dass Gottes herrliches

Gleichgewicht in allem, was Er erschaffen hat, erhalten bleibt, müssen wir ernsthaft bestrebt sein, uns aller Neigungen zu entledigen, die eine Gefahr für das gottgewollte Gleichgewicht darstellen könnten, wir müssen tapfer gegen alle zersetzenden Übel angehen.

Mann und Frau sind vor Gottes Angesicht gleich, darum tragen sie auch die gleiche Verantwortung. Doch wenn wir von der Aufrechterhaltung des göttlichen Gleichgewichts, sei es in der Natur oder innerhalb der menschlichen Gesellschaft, sprechen, hat es keinen Sinn, von einer Hausfrau und Mutter zu verlangen, dass sie die Umwelt nicht durch hässliche Gebäude, Fabriken oder Atomreaktoren zerstören solle. Ihre Spiritualität muss in praktische Bahnen gelenkt werden, die es ihr ermöglichen, zu einem wertvollen Mitglied der Gemeinschaft jener zu werden, die mit Spiritualität begabt sind. Schließlich ist es doch so, dass eine Frau durch die ihr angeborene Sanftmut und Zärtlichkeit, ihre Gabe, andere zu lieben und Liebe um sich herum zu verbreiten, von Gott dazu ausersehen ist, geistige Werte unter jenen zur Entfaltung zu bringen, mit denen sie lebt. Und ihre Liebe ist ihre stärkste Waffe gegen den Ansturm nackter, materieller Weltlichkeit. Darum muss ihr von ihrer Familie ein wenig Ruhe zugestanden werden, selbst wenn es nur ein paar Minuten am Abend sind, in denen sie sich in ihre „*hira*" zurückziehen kann, damit durch ungestörtes Nachsinnen ihre Liebe erneuert und gestärkt werde. Dass Frauen zu geistiger Hingabe fähig sind, erweist sich auf das Vorzüglichste an Rabaá al-Adawiyya aus Basra, unter deren Perlen der Weisheit mich die folgenden Zeilen besonders tief berührt haben:

„O mein Herr, wenn ich Dich aus Furcht vor der

Hölle anbete, dann lass mich in der Hölle verbrennen; und wenn ich Dich in der Hoffnung auf das Paradies anbete, dann verwehre es mir; doch wenn ich Dich um Deiner Selbst willen anbete, dann enthalte mir Deine ewigwährende Herrlichkeit nicht vor."

Natürlich können wir, selbst wenn wir uns zu den geistigen Dingen hingezogen fühlen, nicht alle lauter Rabaás werden. Aber ich glaube, Frau Dr. Riffat Hassan Saud hat uns in ihrer Abhandlung über „Die Rolle und Verantwortung der muslimischen Frau im Universum" (AI-Ittihad Okt./Nov. 1976) den geraden Weg aufgezeigt, so wie er vom Quran vorgeschrieben wird: „Das Ziel ... wird erreicht, wenn der ... Suchende, der Gott in seinem Innersten erfahren hat, sich seiner Sendung im Leben bewusst wird - nämlich, die allerhöchste Wahrheit, die sich im offenbart hat, zu bezeugen. Jeder Muslim - Mann oder Frau - ist dazu aufgerufen, Zeugnis für die Einheit (und Einzigkeit) Gottes abzulegen (*aschhadu an la ila illa-llah*).

Dieses Zeugnis lässt sich nicht ablegen ohne die innere Erfahrung. Jeder Muslim - Mann oder Frau - muss nach seiner tiefinnersten Erfahrung Gottes streben und, nachdem er sie gefunden hat, diese innere Erfahrung in die äußere Wirklichkeit umsetzen. Die echte islamische Mystik muss (den Menschen) dazu führen, dass er seine mystische Vision durch Taten verwirklicht, denn wir glauben daran, dass „*iman*" (der Glaube) nicht vollkommen ist ohne „*amal*" (die Tat) und dass der „*dschihad*" (das Streben für die Sache Gottes) ein unentbehrlicher Wesenszug des Glaubens ist."

Meiner Ansicht nach ist die Spiritualität allerdings so mannigfaltig wie jene, die sich darum bemühen, ihr geistiges Leben zur Entfaltung zu bringen. Wenn ich über meine eigenen Erfahrungen spreche, würde ich sagen, dass ich mich erstmals davon berührt fühlte, als ich ein Mädchen von etwa zwölf Jahren war und unter einem Baum in einem lichtgrünen Wald saß, vermutlich irgendwann im Juni. Durch die Blätter, die sich unter einer liebkosenden Brise sanft bewegten, waren Fleckchen eines märchenhaft blauen Himmels sichtbar, vielleich mit einem weichen weißen Wölkchen hier und dort hingetupft. Die Vögel zwitscherten und ich überlegte mir, ob ich wohl die erste sei, die sich an diesen starken Baum schmiegte, der schon Generationen vorüberziehen gesehen haben mochte, oder ob schon andere vor mir dieselbe Dankbarkeit Gott gegenüber gespürt haben dürften dafür, dass es ihnen vergönnt war, die Schönheit eines solchen Tages bei guter Gesundheit und ohne besondere Sorgen zu erleben. Diese Dankbarkeit wurde zu etwas so Überwältigendem für mich, dass es von da ab mein innigster Wunsch war, in Erfahrung zu bringen, wie ich Gott auf meine bescheidene Weise für Seine unendliche Güte danken, ich Ihm näher kommen könnte.

Als ich viel, viel später auf meiner Suche nach der Erfüllung dieses Wunsches mit dem Islam in Berührung kam, war es wie ein Wunder für mich: indem er sich vor meinen staunenden Sinnen von Woche zu Woche und von Monat zu Monat und von Jahr zu Jahr im Verlauf der vergangenen zwanzig Jahre in all seiner Schönheit und Reinheit entfaltete, fand ich auf jeder Seite des Qurans, in den Buchern über Hadith, in den Lebensbeschreibungen des Propheten (Friede sei mit ihm) und in den Schriften der aufrichtig gläubigen Muslime die köstlichsten Perlen, die sich zu einer endlosen Gebetskette reihen und sich durch meine Gedanken ziehen, seitdem ich mein Glaubensbekenntnis abgelegt habe. Zu welchem Thema ich auch gerade etwas lesen mochte, mein Herz wollte schier überlaufen und rief mir immer wieder zu: ja, ja, das ist die Wahrheit, das ist, was ich schon immer gefühlt habe, das kann nur von Gott, dem Allmächtigen kommen und von jenen, die durch ihre Liebe zu Ihm inspiriert sind."

So erwuchs aus meiner Dankbarkeit eine immer tiefere Liebe: Liebe zu Gott und Liebe zu all dem, was Er erschaffen hat: zur Erde, die manchmal und mancherorts so unglaublich und zauberhaft schön ist und auf der selbst dort, wo sie, durch menschliche Ausbeutung verdorben und hässlich ist, das Schöne dennoch immer wieder durchbricht, sei es in einem winzigen Gänseblümchen, das sich neben einem abscheulichen Stacheldraht zur Sonne streckt oder seine Blättchen durch harte Pflastersteine schiebt, sei es in einem bunten Vogel, der sich trotz schwarzer Fabrikschornstein und giftiger Rauchwolken durch die Luft schwingt oder sei es in einem Kind, das ein Liedchen vor sich hinsummt, obwohl der ringsum tobende Verkehrslärm alles zu verschlucken droht. Liebe zu Pflanzen und Tieren, groß und klein, die uns dienstbar gemacht worden sind, obwohl wir sie heutzutage so schlecht behandeln. Und natürlich Liebe zu unseren Mitmenschen - den armen und reichen, den alten und jungen, den guten und den manchmal unartigen, weil sie ja doch alle auf ihre Weise genauso verzweifelt zu kämpfen haben wie wir selbst, ob man das nun merkt oder nicht. Das ist meine Art von Spiritualität, die sich mit jedem Vers im Quran, den ich immer wieder von neuem lese und mit jedem Gebet, das mir so unentbehrlich erscheint wie das Atmen, immer mehr vertieft.

Doch sollte man nicht übersehen, dass die Spiritualität etwas sehr Zartes, Schutzbedürftiges ist - man hat fast Angst, ihr Schaden zuzufügen, indem sie in Alltagsworten zu erklären versucht. Darum möchte ich eine Parabel verwenden. Da ist eine Frau, die ein Gärtchen vor ihrem Haus bestellt. Dieses Stückchen Land, ein winziges Fleckchen in Gottes unendlich großem Universum, ist ihr anvertraut. Sie kann daraus ein Abbild von Gottes Kunstfertigkeit in der Natur, ja im ganzen Kosmos mit seinen Sternen und herrlich ausgewogenen Gesetzen machen. Der Boden ist fruchtbar, er will geradezu Pflanzen hervorbringen. Wenn die Frau gute, nützliche und schöne Samenkörner aussäht, wird sie im Lauf der Zeit einen hübschen Garten haben, zu ihrer eigenen Freude und der ihrer Familie und aller, die vorbeikommen. Wenn sie sich jedoch nicht darum kümmert, nicht sorgfältig plant, was alles wachsen sollte und sich nicht die Mühe macht, Samen zu verteilen, wird es bald nur noch Unkraut geben oder der Boden wird völlig unfruchtbar.

Dieser Garten kann also zu einer kleinen Insel im Ozean der Aufruhr und des Unfriedens werden. Zwar können wir unsere Kinder und alle, die wir lieben, nicht daran hindern, den Garten zeitweilig zu verlassen. Doch können wir den Garten so schön pflegen und hübsch gestalten, dass sie freudig zu uns zurückkehren. Denn dort werden sie sich sicher fühlen. Wie Martin Luther einst sagte: „Wie man nicht wehren kann, dass einem die Vögel nicht über den Kopf herfliegen, aber wohl, dass sie nicht auf dem Kopf nisten: so kann man auch bösen Gedanken nicht wehren, aber wohl, dass sie nicht in uns einwurzeln und böse Taten hervorbringen."

Spiritualität, die im Quran Männern und Frauen gleichermaßen ans Herz gelegt wird, bewahrt uns vor den Übeln unserer Zeit, sie erfüllt unser Inneres mit guten Gedanken und verhindert das Eindringen dessen, was schädlich ist. Und sie führt uns zusammen, uns die Muslime, die Gott den Allmächtigen lieben. So möge uns der folgende Vers aus dem Quran auf unserem schweren Weg begleiten:

„Du wirst kein Volk finden, das an Gott und den Jüngsten Tag glaubt, und dabei die liebt, die sich Gott und Seinem Gesandten widersetzen, selbst wenn es ihre Väter wären oder ihre Söhne oder ihre Brüder oder ihre Verwandten. Das sind die, in deren Herzen Gott den Glauben eingeprägt hat und die Er gestärkt hat mit Seinem Wort. Er wird sie in Gärten führen, durch die Ströme fließen. Darin werden sie weilen ewiglich. Gott ist wohl zufrieden mit ihnen und sie sind wohl zufrieden mit Ihm. Sie sind Gottes Anhänger. Wahrlich! Es sind Gottes Anhänger, die Erfolgreichen sind." (Sure **58** Vers 22)

„DA´WA" UNTER MUSLIMEN

„Da`wa" unter Muslimen, oder in anderen Worten: innerislamischer Dialog. Das ist eine Pflicht für jeden Muslim.

Unter Da,wa machen verstehen wir das Aufrufen zum Pfade Allahs, dem geraden Weg zu unserem Schöpfer und Erhalter. Und ein „*dai*" ist der Aufrufer.

Dieses Wort darf nicht mit „*da'iy*" verwechselt werden, weil das soviel wie Angeber, Großmaul, einer, der etwas vorgibt, also sogar Betrüger heißt. Im Arabischen Wörterbuch von Hans Wehr finden wir unter „*Da`wa*" die Äquivalente Ruf, Aufruf, Aufforderung, Einberufung, Vorladung, Einladung, Ansuchen, Wunsch, Missionstätigkeit und im Plural „*Da'wat*" heißt es Anrufung, Gebet, Segenswunsch.

Wenn also jemand aufruft zu Allah, dann hat er zugleich den aufrichtigen Wunsch, dass diejenigen, die sein Aufruf erreicht, auch tatsächlich auf ihn hören und seinen Ratschlag annehmen. Im Quran lesen wir dazu: „Einem jeden Volk haben wir Andachtsriten gegeben, die sie befolgen; sie sollen daher nicht mit dir über diese Sache streiten; sondern rufe (du sie) zu deinem Herrn. Wahrlich, du folgst der rechten Führung.". Ich möchte über die „*Da`wa*" unter drei Aspekten sprechen:

1. *Da`wa* unter unseren Kindern

2. *Da`wa* unter Muslimen

3. *Da`wa* unter neuen Muslimen

Die überwiegende Mehrheit der Muslime hat Kinder und junge Muslime um sich, seien es die eigenen Söhne und Töchter, die Enkel, die Nichten und Neffen oder Kinder von Freunden und Bekannten. Den Islam einem Menschenherz lieb und kostbar zu machen, fängt bereits in der Wiege an. Ich habe in meinem Leben die Biographien vieler bedeutender Muslime gelesen und auch einige selbst getroffen. Die Verehrung, mit der sie insbesondere von ihrer Mutter sprachen, machte mir klar, welche unendlich wichtige Rolle die zärtliche Verbundenheit der Mutter zur Religion im späteren Leben des Menschen spielt.

Aber auch der Großvater, der zum Beispiel den Quran auswendig konnte, der Vater, der die Kinder regelmäßig zum Freitagsgebet mit in die Moschee nahm, die Oma, die schöne Geschichten aus dem Leben des Propheten(s) und seiner Gefährten zu erzählen wusste, haben ihren wertvollen Anteil an der Erziehung der jüngeren Generation. Oder eine hübsche Tante, die ihr Kopftuch sorgfältig zu binden wusste, und der Onkel, der die Knirpse bei der Begrüßung hoch in die Luft stemmte und dabei ausrief „ma scha Allah, bist du groß geworden...“

Zu einer harmonischen islamischen Atmosphäre im Elternhaus gehört meiner Meinung nach auch, dass sich der Islam zumindest in dem widerspiegelt, was an den Wänden hängt, einer hübschen Kalligraphie, einem handgeknüpften Teppich, oder auf dem Regal ein kunstgewerblicher Gegenstand, der beweist, was für ausgezeichnete Handwerker die Muslime von jeher gewesen sind.

Die allerbeste *Da´wa* für Kinder aber sind Eltern, die

das tägliche Gebet ernst nehmen, den Ramadan festlich aber nicht allzu üppig ausgestalten, wenn die Zeit des Fastensbrechens gekommen ist, die an den beiden höchsten islamischen Feiertagen für neue Kleidung und Besuche bei Verwandten und Freunden sorgen und auch muslimische Besucher einladen. All das wäre allerdings keineswegs ausreichend, wenn die Eltern sich nicht gegenscitig Anerkennung erweisen, liebevoll miteinander und mit den Kindern umgehen und es sich strikt untersagen, lieblos oder gar gehässig über andere Muslime zu sprechen.

Ich denke, ein gläubiger Muslim kann trotz der niederschmetternden Nachrichten über die Vernichtung der Umwelt, über den furchtbaren Unfrieden, der leider allzu oft auch zwischen verfeindeten muslimischen Gruppierungen aufflackert, nie ganz sein Vertrauen in seinen Schöpfer und Erhalter verlieren. Er wird diese Dinge als Prüfungen der Menschen für ihr verderbtes Handeln einstufen und darüber nicht die unzähligen kleinen und großen schönen Erlebnisse aus den Augen verlieren, die uns geschenkt werden: die Sonne, die uns wärmt, der Mond, der am blauen Nachthimmel seine Bahn zieht, die kleine Blume, die sich am Rand der Straße durch die Asphaltdecke kämpft, ganz zu schweigen von baumbestandenen Parks, grünen Wiesen, dem ewig rauschenden Meer. Es ist eine unserer vordringlichsten Aufgaben, gerade den jungen Menschen zu helfen, dass sich unter ihnen nicht Frustration oder Umweltverdrossenheit breit macht. Dann kommt es nämlich zum sogenannten Nullbock: Es lohnt sich ja gar nicht, irgend etwas zu tun, alles geht ja doch unabwendbar den Bach hinunter, wofür sollen wir uns überhaupt noch anstrengen? Nein, und nochmals nein: und wenn heute alles um uns herum zusammenfällt, müssen wir den Mut haben, morgen wieder ein Bäumlein zu pflanzen - für die nächste Generation. Im Quran werden die, die keine Hoffnung haben, den Ungläubigen gleichgesetzt (Siehe Sure **60**:13)

Unsere *Da`wa* unter den Heranwachsenden, das Wissen, das wir ihnen über den Islam mit auf den Lebensweg geben, wird mitentscheidend dafür sein, wie die Welt von morgen aussieht. Gerade wir hier in Deutschland dürfen die islamische Erziehung der Kinder auf keinen Fall vernachlässigen, denn von den Schulen können wir nicht erwarten, dass sie unsere Unterlassungssünden wieder gutmachen oder ausgleichen. Machen wir uns also ganz bewußt ans Werk und beginnen unsere „*Da`wa*" sogleich - das ist es gewiss auch, was die Veranstalter unseres diesjährigen Treffens deutschsprachiger Muslime im Auge hatten.

Jetzt komme ich zur „*Da`wa*" unter Muslimen. Wenn ich von jemandem höre, dass er Muhammad oder Munir, dass sie Amina oder Fatima heißt, dann kann ich eigentlich davon ausgehen, dass der/die Betreffende Muslim oder Muslima ist und den Islam auch tatsächlich praktiziert. Und dann müsste ich mich mit ihnen an und für sich auch über den Islam unterhalten können. Und doch kommt es immer wieder vor, dass ich einen Muhammad oder eine Fatima bei etwas antreffe, was mit dem Islam eigentlich nicht zu vereinbaren ist.

Soll ich mich nun auf die Betreffenden stürzen und ihnen klarzumachen versuchen, dass sie sich da mit etwas ganz und gar Unislamischem befassen? Dann stufen sie mich vermutlich sofort als Fanatikerin oder Fundamentalistin ein und gehen mir so geschickt wie möglich aus dem Weg. Aber tatenlos zuschauen - das kann ich doch erst recht nicht...

Als gebürtige Deutsche und ursprüngliche Nichtmuslima habe ich ja schon ziemlich zu kämpfen, damit mich aus einem Muslimland stammende Muslime überhaupt für voll nehmen. Irgendwie kommt meist doch durch, dass sie ein bisschen mitleidig auf einen herabschauen und natürlich meinem, nichts von solchen Leuten übernehmen zu können - die ja an sich keine rechte Ahnung haben.

Aber ganz so einfach ist die Geschichte auch wieder nicht. Denn ob ich -willentlich und oft erst in fortgeschrittenen Jahren - aus vollem Herzen ja sage zum Islam, oder durch Geburt in ein bestimmtes Elternhaus den Islam bereits in die Wiege gelegt bekomme, macht doch einen gewaltigen Unterschied. Ich weiß dann nämlich, wie schlimm es mir in mancher Hinsicht ohne den Islam gegangen ist. Ein Gewohnheitsmuslim dagegen empfindet oft die ihm abverlangte Einhaltung bestimmter Pflichten wie das Fasten im Ramadan oder das tägliche Gebet als Einengung seiner Freiheit Er oder sie mag sich danach sehnen, frühmorgens gemütlich im Bett liegen bleiben zu dürfen, anstatt sich damit zu trösten, dass das Gebet besser ist als Schlaf. Und Dinge, mit denen solche Muslime in ihrer Heimat kaum in Berührung gekommen wären, werden ihnen hierzulande als Selbstverständlichkeit präsentiert und es fällt ihnen dann nicht leicht, immer nein sagen zu müssen. Sie wollen vielleicht dazugehören zu einer Gruppe von Nichtmuslimen an ihrem Arbeitsplatz, alles unbeschwert mitmachen und es kommt ihnen dann wie eine unerträgliche Last vor, wenn von ihnen erwartet wird, sich stets daran zu erinnern, dass sie Muslime sind und auf dies oder jenes freiwillig zu verzichten.

In meiner Begeisterung für den Islam neige ich dazu, alles nur rosig zu sehen und in der Unterhaltung alle Schwierigkeiten hinwegerklären zu wollen.

Im Laufe einer solchen Unterhaltung, gerade wenn sie unter Muslimen unterschiedlicher Herkunft stattfindet, leistet aber doch jeder Gesprächsteilnehmer seinen Kulturbeitrag, den er aus seinem Heimatland mitbringt. Dadurch lernen wir einander besser kennen und festigen unser Gemeinschaftsgefühl. Und wir schärfen dabei unsere Intelligenz, bereichern unser Wissen, sammeln nützliche Informationen. Ich habe in den ersten Jahren als neue Muslima sehr viel Bereicherung empfangen durch meinen Kontakt zu meinen Glaubensgeschwistern. Damals gab es ja noch fast keine Literatur in deutscher Sprache über den Islam, ich hatte beispielsweise keine Ahnung über Bekleidungsvorschriften für Frauen. Ich betete ohne Kopftuch, vor dem Schlafengehen im kurzen Nachthemd und es ist dem Taktgefühl einer muslimischen Freundin zu verdanken, die, statt mich auszulachen, als sie mich so eines Tages erwischte, liebevoll und ganz allmählich mein Verständnis dafür weckte, was sich für eine Muslime schickt und was nicht.

Schon dem Propheten(s) wurde aufgetragen:

„Ermahne also; gewiss, Ermahnung ist nützlich. "Oder:

„So ermahne, wenn die Ermahnung nützt" (**87**:9)

Die wohl unvergesslichste Form der *Da´wa* erlebte ich, als ich schon fast 20 Jahre Muslima war. Man hatte mich damals nach Südafrika eingeladen zu einer Vortragsreise durch das ganze Land. Da sollte ich also *Da´wa* machen unter jungen muslimischen Mädchen. Zu jener Zeit, Ende der 70er Jahre, herrschte dort noch strengste Rassentrennung zwischen den Blackies, den Brownies und den Weißen. Es waren die Brownies, das heißt hauptsächlich Inder und Malayen, die mich eingeladen hatten. Unter den Brownies gab es zu etwa 50 Prozent Hindus und Muslime. Die Muslim Boys wagten es natürlich nicht, muslimische Mädchen auch mal zu einem Eis einzuladen oder sie zu einem abendlichen Bummel aufzufordern. Die Hindu Boys dagegen sehr wohl und vermutlich auch nicht immer erfolglos. Also sollte ich darüber sprechen, welches Unheil entsteht, wenn sich ein muslimisches Mädchen mit einem andersgläubigen Jungen einlässt.

Am Ende der Rundreise gab es eine Muslim Youth Convention, ein Treffen junger Muslime aus dem ganzen Land, zu der auch Dr. Jamal Badawi aus Kanada angereist kam. Nachmittags spazierte ich von einem Vortragszelt zum anderen und begegnete einer Gruppe von jungen Mädchen, die in ihrer Mitte eine Frau von vielleicht Mitte 50 führten. Diese Frau litt unter einer unbeschreiblichen Entstellung ihrer Gesichtszüge. Aber sie hatte wunderbar leuchtende Augen. Die Mädchen erzählten mir, dies sei ihre liebste und beste „auntie", Tante, und die Frau fügte in schlichten Worten hinzu: „Ich weiß, dass ich nur noch ganz kurze Zeit zu leben habe. Aber dass mir mein Arzt erlaubt hat, diese Tage hier mit Euch allen zu verbringen, ist das schönste Geschenk, das ich mir wünschen konnte. Danach werde ich gerne und dankbar zu Allah zurückkehren..."

Was muss diese Frau den jungen Mädchen gegeben haben, als sie noch gesund war, dass sie nun in solcher Liebe an ihr hingen! Und welche Hilfe muss es den Mädchen auf ihrem weiteren Lebensweg gewesen sein, einen Menschen gekannt zu haben, der so voll Vertrauen die letzten Schritte hier auf Erden in Richtung auf seinen Schöpfer tat.

Was ich damit sagen will ist, dass die beste *Da´wa* meiner Meinung nach der vorgelebte Islam, nicht der erhobene Zeigefinger ist. Auf den reagiert ein erwachsener Muslim meist recht allergisch.

Auf demselben Jugendtreff geschah noch etwas Merkwürdiges. Aus irgend einem der Schlafräume verschwand eine vermutlich recht teure Lederjacke. Das Mädchen, dem sie gehört hatte, war recht verzweifelt und bat mich um Hilfe. Ich glaube sie fürchtete sich, ihren Eltern von dem Verlust zu erzählen. Am Ende meines Vortrags sprach ich deshalb über das Vorkommnis und endete mit den Worten: Wenn sie jemand genommen hat, der friert und die Jacke dringend braucht, dann wird Allah in Seiner Barmherzigkeit es schon wissen. Aber wenn sie jemand genommen hat, nur weil es so eine schöne Jacke war, dann wäre es sehr gut, wenn sie an ihre Besitzerin zurückgegeben würde." Und was soll ich sagen - die Jacke tauchte tatsächlich wieder auf. Ich glaube, die rund 1000 Besucher des Treffens werden sich auch bis heute daran erinnern, dass Reue Wunder bewirken kann.

Ich habe mir heute eigens keinen zu langen Vortrag vorgenommen, weil ich gerne möchte, dass wir uns gegenseitig noch ähnliche Erlebnisse mitteilen.

Was ich hier geschildert habe, verstehe ich unter praktischer Da´wa. Wenn wir in irgend eine Situation geraten, aus der wir nur schwerlich einen Ausweg sehen zeigt uns Allah dann ganz deutlich, dass Er mit uns ist, sofern wir Ihn nur um Seine Hilfe bitten.

Deshalb sind meine beiden Anliegen, wenn ich mich

mit Muslimen unterhalte, dass ich z.B. einen nicht regelmäßig betenden Bruder bzw. eine Schwester in ähnlicher
Lage zu überzeugen versuche, dass Gebet der Schlüssel
zum seelischen Gleichgewicht ist. Wenn man nur die stän-
dige Zwiesprache mit Allah nicht abreißen lässt, überrascht
Er einen immer wieder durch Seine Gnadenerweise. Und
das beflügelt dann so, dass man begreift: ich bete weder
für Allah noch für meine Eltern noch für sonst jemanden -
ich bete für mich, weil es mir gut tut und hilft, in dieser
Zeit zurechtzukommen.

Mein zweites Anliegen ist, meinen Geschwistern klarzumachen, wie wichtig es ist, dass sie ihren Quran nicht
nur ganz sporadisch mal zur Hand nehmen, sondern jeden
Tag - wenn auch nur ein paar Minuten - für diesen Zweck
abzwacken. Zum einen entsteht dadurch eine Vertraut-
heit - sie kennen ihn, den Quran, wie ihre Söhne heißt es
doch - und zum anderen tankt man Kraft, Freude und
Vertrauen auf, die einen durch den ganzen Tag tragen. Wir
alle haben unser heiliges Buch ja nicht gleich von Anfang
an in jeder Hinsicht verstanden. Aber wir haben uns nicht
davon abbringen lassen, kontinuierlich darin weiterzulesen
und allmählich, von Tag zu Tag, ist uns diese Zeit der Lektüre so lieb und teuer geworden, dass uns richtig was ge-
fehlt hat, wenn wir es mal nicht zur gewohnten Zeit, nämlich meist nach dem Frühgebet, sagen wir mal drei oder
fünf Verse, geschafft haben. Probiert es bitte aus - nicht
die Menge der Verse macht es, werdet ihr bald merken. Im
Gegenteil, ein Vers richtig tief drinnen in uns aufgenom-
men, ist meist ein größeres Geschenk als eine ganze Sure.

Und nun komme ich zu den neuen Muslimen.

Am schwierigsten wird der Drahtseilakt zwischen liebevoller Ermahnung und aufrichtiger Entrüstung, wenn es sich um Geschwister handelt, die erst vor kurzer Zeit den Islam angenommen haben. Muss ich alles dransetzen, sie gleich von Anfang an davon zu überzeugen, dass sie den Islam „richtig" praktizieren sollten? Oder ist hier Behutsamkeit gefragt?

Dem Propheten(s) wurde ja gesagt:

„Und durch Barmherzigkeit Allahs warst du mild zu ihnen; und wenn du barsch, hartherzig zu ihnen gewesen wärst, gewiss wären sie von dir herum auseinandergelaufen; so vergib ihnen und bitte um Verzeihung für sie und ziehe sie in der Angelegenheit zu Rate, und wenn du etwas beschlossen hast, so vertraue auf Allah, Allah liebt ja die Vertrauenden." (**3**:159).

Das bedeutet insbesondere für den Umgang mit neuen Muslimen, dass wir ihnen verständnisvoll und mit Liebe begegnen müssen, damit ihre Herzen für den wahren Islam gewonnen werden und sie nicht den Eindruck bekommen, der Islam bestehe nur aus Geboten und Verboten.

Ja, Gott sei Dank besteht der Islam keineswegs nur aus Untersagtem und strengen Vorschriften. Muss man nicht geduldig abwarten, bis neue Muslime von selber mehr wissen wollen über die Alltagspraxis, damit man es ihnen nicht gleich zu Beginn allzu schwer macht?

Ich erinnere mich an ein Muslimtreffen, das in den Ramadan fiel und dieser Ramadan war ein sehr schwerer Monat, weil er ausgerechnet in den hiesigen Sommermonaten begangen wurde. Da saßen zwei niedliche Mädchen von etwa 15 Jahren in einer Ecke des Speisesaals, wo gerade die Vorbereitungen für das Nachtmahl im wörtlichen Sin-

ne im Gange waren. Wir kamen ins Gespräch und ich fragte sie, ob es ihnen, die erst wenige Wochen vorher ihre
„schahada" ausgesprochen hatten, nicht sehr schwer falle,
ohne Essen und Trinken auszukommen. Da strahlten sie
mich an und sagten: „Unser Scheich hat uns erklärt, dass
es am Anfang ausreicht, wenn wir zwölf Stunden fasten.
Der Prophet hat in Makkah und Madinah ja auch höchstens
13 oder 14 Stunden gefastet, weil dort die Tage nicht länger dauern."

Zuerst war ich ein bisschen sprachlos. Aber dann habe
ich nachgedacht und mir überlegt, dass der Quran immerhin in einer Zeitspanne von 23 Jahren offenbart wurde und
dass dem Propheten Muhammad eigens von Gott aufgetragen worden ist, nachsichtig mit den Gläubigen zu sein,
so dass der Scheich womöglich doch ein recht weiser Mann
sein könnte.

Die Sahaba, die uns so ein leuchtendes Beispiel sind,
wurden also über viele Jahre hinweg allmählich zu den großartigen Persönlichkeiten erzogen, die uns bis zum heutigen Tag zum Nacheifern anregen. Aus den Ahadith über
die Himmelsreise des Propheten(s) wissen wir überdies,
dass das Gebet erst zu dieser Zeit auf fünf Mal am Tag
festgelegt wurde.

All diese Gründe haben mich bewogen, freudig Fragen
neuer Muslime zu beantworten, nicht aber ungefragt auf
sie einzureden. Es ist doch ein Zeichen von Intelligenz,
wenn ein Mensch erkennt, dass der Islam der beste, schönste, geradeste Weg zu seinem Schöpfer und Erhalter ist.
Dieser nachdenkende neue Muslim wird also durch Beob-
achtung feststellen, was die Muslime machen und wie sie
es tun. Und dann wird er neugierig, will noch mehr wissen

und das ist unser Signal, seine Fragen mit soviel Weisheit wie möglich zu beantworten. Wenn wir ihn nicht gleich zu Beginn überfüttern, wird er auch viel eher bald wieder bei uns auftauchen und mehr wissen wollen.

Nur sollten wir auch Sorge tragen, dass wir unser eigenes Wissen über den Islam ständig erweitern und vertiefen, damit wir eben in der Lage sind, gescheite Fragen auch überzeugend zu beantworten.

So also hört unsere Aufgabe, auf den Weg Allahs zu rufen, eigentlich nie auf. Aber ist es nicht eine lohnende Aufgabe?

ISLAMISCHE GEMEINSCHAFT

Wir wollen uns also heute miteinander über Nutzen und Ziele der islamischen Gemeinschaft unterhalten, aber auch über die Gefahren, die ihr drohen können, wenn wir nicht sehr aufmerksam sind und alle unsere Kräfte dafür einsetzen, dass sie ein Erfolg ist.

Wir alle wissen, dass die kleinste Keimzelle der Gesellschaft die Familie ist. Verläuft das Familienleben in harmonischen Bahnen, dann kann sich dieser Verband auch gewinnbringend in die Gemeinschaft einklinken. Schon da beginnt unsere Aufgabe als Muslime - mit viel Geduld und Liebe sollen wir unseren Beitrag zum friedlichen, ausgeglichenen Familienleben leisten, nicht starr auf unserem vermeintlichen Recht beharren, auch mal was wegstecken. Alles gute Vorübungen auf die islamische Gemeinschaft.

Gemeinschaft ist allerdings ein ziemlich dehnbarer Begriff:

An was denken wir dabei?

Gemeinschaft als Verein (für islamische Aktivitäten). Gemeinschaft als (meist lokaler) Sport- und Freizeitverein. Gemeinschaft als Körperschaft, die zum Beispiel eine Moschee unterhält. Gemeinschaft im Sinne eines Zusammenschlusses von Geschwistern, die aus einem bestimmten Land stammen (also u.a. auch sprachliche Gemeinschaft).

Im Quran werden wir auf Folgendes aufmerksam gemacht:

> „Es gibt kein Getier und keinen Vogel, der auf seinen
> zwei Schwingen dahinfliegt, die nicht Gemeinschaf-
> ten wären so wie ihr..."(**6**:38)

Also ist es nur natürlich, dass wir danach streben, in
Gemeinschaft zu leben. Aber da wir als Muslime hier eine
Minderheit bilden, können wir nicht darauf hoffen, dass
andere schon Gemeinschaften für uns einrichten werden,
in die wir dann nur eintreten brauchen.

Jetzt werden natürlich manche von euch fragen, warum es denn unbedingt muslimische Gemeinschaften sein
sollten, denen wir uns anschließen. Auch dazu gibt uns
der Quran einen Hinweis:

> „Du wirst kein Volk finden, das an Allah und den
> Jüngsten Tag glaubt und dabei diejenigen liebt, die
> sich Allah und Seinem Gesandten widersetzen, selbst
> wenn es ihre Väter wären oder ihre Söhne oder ihre
> Brüder oder ihre Verwandten. Das sind diejenigen,
> in deren Herzen Allah den Glauben eingeschrieben
> hat und die Er mit Seinem Sieg gestärkt hat. Er wird
> sie in Gärten führen, durch die Bäche fließen. Darin
> werden sie auf ewig weilen. Allah ist wohl zufrieden
> mit ihnen, und sie sind wohl zufrieden mit Ihm. Sie
> sind Allahs Partei. Wahrlich, Allahs Partei ist die
> Erfolgreiche.(**58**:22)

Muslimsein ist eben keine Nebenbeschäftigung. Vielmehr teilt allein schon das tägliche Gebet den Tag so ein,
dass man einer am Gebet nicht interessierten Gemeinschaft
kaum angehören kann, ohne seine Pflichten zu vernachlässigen. Dagegen ist es mit anderen Muslimen zusammen
überhaupt keine Frage, wie man jetzt die Zeit für das Ge-

bet irgendwie abzwacken soll - alle sind froh, gemeinsam beten zu können und betrachten es nicht als „verlorene" Zeit.

Und damit eine Gemeinschaft über den nötigen „Zement" zum festen, zuverlässigen Zusammenschluss verfügen kann, funktioniert sie auch nicht mit religiös lauwarmen Familienangehörigen oder Freunden. Es muss allen gleichermaßen ernst sein, dann kann sie Früchte tragen.

Wenn man, so wie ich, schon über 30 Jahre unter Muslimen in einem Land wie Deutschland gelebt hat, begreift man auch die tiefe Bedeutung eines Quranverses wie des Folgenden:

„Und haltet allesamt fest am Seile Allahs und seid nicht untereinander gespalten, und gedenkt der Gnade Allahs gegen euch, da ihr Feinde wart und Er eure Herzen so zusammenschloss, dass ihr durch seine Gnade Brüder/Schwestern wurdet; und da ihr am Rande einer Feuergrube wart und Er euch ihr entriss. So macht Allah euch Seine Zeichen klar, auf dass ihr euch würdet rechtleiten lassen.(**3**:103)

Ich habe es leider immer mal wieder erlebt, dass irgendwelche Gruppen von Muslimen so wütend aufeinander wurden, dass sie überhaupt nicht mehr miteinander sprechen wollten. Wer die quranischen Ermahnungen einigermaßen im Kopf hat, wird sich daraufhin klarmachen, dass er sich tatsächlich am Rande einer Feuergrube befindet. Das wird ihn so unruhig und unzufrieden machen, dass er alles daransetzen wird, Frieden zu stiften:

„Und wenn zwei Parteien der Gläubigen einander bekämpfen, dann stiftet Frieden zwischen ihnen, wenn jedoch eine von ihnen sich gegen die andere vergeht, so bekämpfet diejenige, die im Unrecht ist, bis sie sich Allahs Befehl fügt. Fügt sie sich, so stiftet in Gerechtigkeit Frieden zwischen ihnen und seid gerecht. Wahrlich, Allah liebt die Gerechten.(**49**:9). Die Gläubigen sind ja Brüder. So stiftet Frieden zwischen euren Brüdern und fürchtet Allah, auf dass euch Barmherzigkeit erwiesen werden.(**49**:10)

Das Schlimme ist, dass oft unbedeutende Kleinigkeiten verschiedene Gruppierungen von Gläubigen so gegeneinander aufbringen, dass sie darüber das wahrhaftig höherstehende Gebot der Brüderlichkeit vergessen. Mir ist es schon passiert, dass eine wohlmeinende Schwester mir mitten im Gebet auf die Finger oder Hände geklopft hat, weil sie meinte, ich hielte sie verkehrt. Oder ein wirklich gelehrter Bruder hat in unserem Heim, wo mein Mann als Hausherr vorbetete, nach Beendigung des Gebetes ganz verzweifelt gesagt: „Bruder, ich muss das Gebet nochmals verrichten, du hast nämlich bei der „*sadschda*" mit den Fußspitzen den Boden verlassen, das macht das Gebet ungültig." Da frage ich mich nun: womit beschäftigt sich dieser Bruder während seines Gebetes und insbesondere während der Niederwerfung? Damit, Fehler zu suchen, oder benutzt er es zur Lobpreisung und Zwiesprache mit Allah?

Ich würde mir so sehr wünschen, dass gerade ihr, die junge Generation, euch ständig dessen bewusst seid, dass heutzutage die Muslime aus allen Himmelsrichtungen zusammenkommen. Wie dankbar müssen wir sein, dass wir alle dieselben arabischen Gebetsworte benutzen. Und wie unerheblich ist es verglichen damit, ob jemand beim

Beten die Hände in Brusthöhe übereinander legt oder seitlich hängen lässt. Wir müssen doch respektieren, was der oder die Betreffende von seinen / ihren Eltern oder Großeltern gelernt hat, auch wenn es von dem abweicht, was unsere eigenen Rechtsschule uns vorschreibt.

„Und unter Seinen Zeichen sind die Schöpfung der Himmel und der Erde und die Verschiedenheit eurer Sprachen und Farben (Arten). Hierin sind wahrlich Zeichen für die Wissenden."(**30**:22)

Das Wort „*laun*" (Farbe) kann nach Rudi Paret in wesentlich weiterem oder allgemeinerem Sinn verstanden werden als nur Farbe, also auch als Art. Sehen wir es also nicht als etwas Trennendes oder zu Tadelndes an, wenn wir aneinander Unterschiede des Gottesdienstes wahrnehmen. Sondern freuen uns an unserer Vielfalt, die ja ein Zeichen, also eine Gnade Allahs ist.

Ich meine, wenn wir daran gehen, eine Gemeinschaft zu gründen oder uns einer Gemeinschaft von Gläubigen anzuschließen, sollten wir stets das oberste Prinzip, das der gegenseitigen Achtung und Liebe, vor Augen haben. Wir haben es ja schon wesentlich leichter als seinerzeit zu Beginn der Mission des Propheten Muhammads, dem von Allah gesagt wurde:

„... Er hat dich gestärkt mit Seiner Hilfe und mit den Gläubigen"(**8**:62)

„Und Er hat Liebe in ihre Herzen gelegt. Hättest du auch alles aufgewandt, was auf Erden ist, du hättest doch nicht Liebe in ihre Herzen zu legen vermocht. Allah aber hat Liebe in sie gelegt. Wahrlich, Er ist Allmächtig, Allweise.(**8**:63)

„O Prophet, Allah ist deine Genüge und derer unter

den Gläubigen, die dir folgen."(8:64)

Wir haben heute eine wesentlich größere Schar von Muslimen in Reichweite, um mit ihnen gemeinsam etwas zu tun. Wir können sie auch ohne Probleme erreichen durch Post und Telefon. Und wir haben eine Menge islamischer Literatur zur Verfügung, aus der wir lernen und Anregungen beziehen können.

Die Freude, die wir empfinden, wenn wir - nur um mal ein Beispiel zu nennen - einen wöchentlichen Qurankurs in unserem Stadtteil ins Leben rufen, wird uns reichlich für alle Mühe entschädigen. Wir können uns nach jemandem umsehen, der uns dabei anleitet. Aber wir können auch ganz einfach reihum die Vorbereitung übernehmen und dann miteinander diskutieren, uns schwer lösbare Fragen aufnotieren und vertrauenswürdige Muslime um Antwort bitten. Vor allem aber ist es schön, wenn wir die Zusammenkünfte abwechselnd im Heim der einzelnen Kursteilnehmer abhalten, damit gerechte Anreisewege anfallen und alle lernen, wie man so was bei sich zu Hause arrangiert.

Wie wir wissen, ist der „tauhid" das oberste Prinzip des Islam. Aber „tauhid" - Einheit Gottes - meint gleichzeitig auch, dass sich diese Einheit in der Vielfalt von Allahs Schöpfung manifestiert. Manch einer mag sich fragen, warum wir denn nicht alle mit denselben Neigungen und Anlagen, mit derselben Art und Weise zu denken und zu überlegen ausgestattet sind. Dann gäbe es doch niemals Unstimmigkeiten, dann wäre unser Leben doch so herrlich friedlich und einträchtig.

Aber im Quran wird uns gesagt:

„Für jeden von euch haben Wir Richtlinien und eine

Laufbahn bestimmt. Und wenn Allah gewollt hätte, hatte Er euch zu einer einzigen Gemeinde gemacht. Er wollte euch aber in alledem, was Er euch gegeben hat, auf die Probe stellen. Darum sollt ihr in den guten Dingen wetteifern miteinander. Zu Allah werdet ihr allesamt zurückkehren, und dann wird Er euch kundtun, worüber ihr uneins wart.(**5**:48)

So wie es absolut sinnlos wäre, wenn wir uns nun alle danach sehnen würden, Schuster zu werden - obwohl das ein sehr nützlicher Beruf ist -, so ist es eben einfach nicht in Allahs Schöpfung beschlossen, dass alle Menschen genau dasselbe wollen. Nein, jedem von uns ist eine Richtlinie und eine Laufbahn mit auf den Weg gegeben worden. Und unsere Bestimmung ist es, auf unserem Lebensweg das Beste und Schönste für uns und unsere Umwelt anzustreben. Uns gegenseitig anzufeuern, indem wir miteinander im Guten wetteifern. Alle Unstimmigkeiten aber Allah anheim stellen, anstatt unsere kostbaren Kräfte für deren Austragung zu verschwenden. Dereinst werden wir schon erfahren, wie es um uns steht, während wir uns hier auf Erden sehr gründlich irren können, wenn es um die Beurteilung von Beweggründen anderer geht.

Lasst also andere gewähren, wenn sie Bauern oder Handwerker, Ingenieure oder Gelehrte werden wollen - die Gemeinschaft braucht Menschen mit verschiedenen Gaben und Talenten.

In Sure **2**:143 wird uns gesagt:

„Und so machten Wir euch zu einer in der Mitte stehenden (wohlausgewogenen) Gemeinschaft..."

Dazu kommentiert Sayyed Qutb: „Die Muslimgemeinde ist also dazu aufgerufen, sich in der Mitte zu halten und zwar in jeder Beziehung. Es soll eine Gemeinde sein, die jedem Extrem ablehnend gegenübersteht, die Ausgewogenheit, wie sie nur in der Mitte zu finden ist, sucht und wahrt. Alle Übertreibungen, die lediglich einen Aspekt des menschlichen Lebens fördern und dadurch alle anderen in ihrer Entwicklung hemmen oder gar abtöten, sollen dieser Gemeinde fremd sein. Das islamische Ideal des Menschen liegt in Ebenmaß und Gleichgewicht, denn nur so kann der Mensch sein diesseitiges Ziel erreichen und seine Aufgabe hier erfolgreich lösen: der Stellvertreter Gottes auf Erden zu sein.

Die Tatsache, dass die Muslimgemeinde heute nicht fähig ist, den Platz in der Welt einzunehmen, den Gott selbst ihr zugedacht hat, ist nur ein Beweis dafür, dass sie andere Wege eingeschlagen hat als die im Quran aufgezeigten. Und sie wird ihrer Aufgabe in der Welt nicht gerecht, bis sie wieder bereit ist, der göttlichen Führung unbedingten Gehorsam zu leisten."

Dabei ist das, was Allah von uns fordert, gar nicht so schwer zu erfüllen, wie folgendes Hadith beweist: Abdullah berichtete:

„Ich fragte den Propheten, Allahs Segen und Heil auf ihm, welche Tat wird von Allah, Allmächtig und Erhaben ist Er, am meisten geliebt? Der Prophet sagte: Die Verrichtung des Gebets zur richtigen Zeit! Ich fragte weiter: Welche dann? Und er sagte: Die gütige Behandlung der Eltern! Ich sagte: Welche dann? Er sagte: Der „*Dschihad*" auf dem Wege Allahs. Er sprach über diesen, und wenn ich ihn noch mehr gefragt hätte, hätte er mir mehr davon erwähnt."

„*Dschihad*" bedeutet unsere Anstrengung für die Sache

Allahs.

So wichtig also ist das Einhalten des Gebets zur rechten Zeit. Eine Gemeinschaft, die dies beachtet, bleibt bereits wesentlich leichter auf dem rechten Pfad. Denn in all ihrem Eifer, etwas für Allahs Sache zu tun, muss sie die Unterbrechung fürs Gebet stets wieder hinnehmen, sich also zwischendurch immer wieder besinnen, die eigenen Motive hinterfragen, sich also sozusagen am Riemen reißen, damit ja nichts schief geht.

Aber auch die Achtung vor den Eltern, und darin eingeschlossen sicher auch die Älteren, Erfahreneren, ebenso wie die alt Gewordenen und deshalb Hilfsbedürftigen, ist unabdingbarer Bestandteil der ethischen Grundsätze einer islamischen Gemeinschaft. Wer sich nur ums Weltverbessern kümmert" während die Eltern zu Hause sich grämen, weil sie alleingelassen werden oder nebenan ein Kranker ohne Hilfe bleibt, der wäre zu Unrecht stolz auf seine vermeintlichen Errungenschaften.

„Dschihad", die Bemühung „*fi sabili-llah*", steht erst an dritter Stelle. Verliert das bitte nicht aus den Augen!

Wie sie aussehen soll, die ideale islamische Gemeinschaft, wird uns an verschiedenen Stellen im Quran gesagt:

„Es sollte unter euch eine Gemeinschaft sein, die zum Rechten auffordert und das Gute gebietet und das Böse verwehrt. Diese allein soll Erfolg haben." (**3**:104)

„Ihr seid die beste Gemeinschaft, hervorgebracht zum Wohle der Menschheit; ihr gebietet das Gute und verwehrt das Böse und glaubt an Allah. Und wenn das Volk der Schrift auch (diese Anweisung

Allahs) annähme, wahrlich würde es ihnen besser frommen. Manche von ihnen nehmen (sie) an, doch die meisten ihrer sind ungehorsam"(**3**:110)

Das aber ist nicht nur eine hohe Auszeichnung, sondern auch eine schwere Verpflichtung. Sich dessen nicht bewusst zu sein führt oft zu Fehlentwicklungen wie dieser im Quran angeprangerten:

„Sie hinderten einander nicht an den Missetaten, die sie begingen. Übel fürwahr war das, was sie zu tun pflegten"(**5**:79)

Immer wieder werden wir im Quran darauf hingewiesen, welcher Segen darin liegt, wenn wir etwas gemeinsam tun:

„Die da folgen dem Gesandten, dem Propheten, dem Makellosen, den sie bei sich in der Thora und im Evangelium erwähnt finden - er befiehlt ihnen das Gute und verbietet ihnen das Böse, und er erlaubt ihnen die guten Dinge und verwehrt ihnen die schlechten, und er nimmt hinweg von ihnen ihre Last und die Fesseln, die auf ihnen lagen -, die also an ihn glauben und ihn stärken und ihm helfen und dem Licht folgen, das mit ihm hinabgesandt ward, die sollen Erfolg haben."(**7**:157)

Oder an anderer Stelle:

„Die gläubigen Männer und die gläubigen Frauen sind einer des anderen Freund. Sie gebieten das Gute und verbieten das Böse und verrichten das Gebet und zahlen die Zakat und gehorchen Allah und Seinem Gesandten. Sie sind es, deren Allah sich erbarmen wird. Wahrlich, Allah ist Allmächtig, Allweise."(**9**:71)

Wenn einer allein Gutes gebietet und Böses verbietet, betet, Zakat bezahlt, kann er nicht viel ausrichten, tut es aber eine ganze Gemeinschaft, dann lässt sich schon allerhand bewegen.

Ich sage all das im Moment euch jungen Muslimen. Und natürlich hoffe ich von Herzen, dass meine Worte auf fruchtbaren Boden fallen werden, weil es einfach der Lauf der Welt ist, dass junge Menschen idealistisch denken und noch von der Hoffnung beseelt sind, wirklich etwas verbessern zu können am Lauf der Welt. Aber eigentlich ist es auch ebenso an Muslime fortgeschritteneren Alters gerichtet, die, statt friedlich allabendlich vor ihrem Fernseher vor sich hinzudämmern, sich aufrütteln lassen und in der Gemeinschaft aktiv werden sollten. Dazu ist es nie zu spät:

„Die sich in Reue (zu Gott) wenden, (Ihn) anbeten, (Ihn) lobpreisen, die (in Seiner Sache) wandeln, die sich beugen und niederwerfen, die das Gute gebieten und das Böse verbieten, und die Schranken Allahs achten - verkünde (diesen) Gläubigen frohe Botschaft."(**9**:112)

Das wichtigste Rüstzeug für die Tätigkeit in Sachen Islam ist, sich täglich wenigstens ein paar Minuten Zeit zu nehmen, um im Quran zu lesen:

„Verlies, was dir von dem Buche offenbart ward, und verrichte das Gebet. Wahrlich, das Gebet hält ab von Schändlichkeiten und Unrecht; und an Allah denken ist gewiss die höchste (Tugend). Und Allah weiß, was ihr tut."(**29**:45)

Schaut, in wie wenigen, einfachen Worten wir hier vor Schändlichkeiten und Unrecht gewarnt werden und uns als Heilmittel das Gedenken Allahs ans Herz gelegt wird. Ist es nicht herrlich leicht, Muslim zu sein:

„Wer aber sein Antlitz auf Allah richtet und Gutes tut, der hat fürwahr die festeste Handhabe ergriffen. Und bei Allah ruht das Ende aller Dinge."(**31**:22) (s. auch 31:17/18).

ÜBERZEUGUNGSKRAFT DER
EINFACHHEIT

Was für eine Kraft besitzt ein Glaube, dem es im Verlauf dieses Jahrhunderts gelungen ist, einen neuen Staat wie Pakistan ins Leben zu rufen oder eine waffenklirrende Diktatur wie die im Iran hinwegzufegen? Wie kommt es, dass sich ihm sehr viele ganz einfache Menschen ohne nennenswerte Bildung und gleichzeitig Intellektuelle von weltweitem Ansehen mit Leib und Seele verschreiben? Verspricht er seinen Anhängern, Männern und Frauen, ein angenehmes, sorgenfreies Erdenleben oder gar irgendwelche Wunder?

Nein, ganz gewiss nicht! Wie uns gesagt wird, besteht das ewige Wunder, das Muhammad, dem Gesandten Gottes, Friede sei mit ihm, zuteil geworden ist, in der Offenbarung des Qurans. Und das ist ein Buch, das man mit Händen greifen kann, das sich aufschlagen, in dem sich lesen lässt. Also etwas ganz Natürliches. Und doch - wie wunderbar ist diese Botschaft für uns Menschen, vor allem wie wunderbar überzeugend und einfach. Denn sie befindet sich in vollkommener Übereinstimmung mit den natürlichen Anlagen des Menschen. Ja, sie bringt sie voll zur Entfaltung in dem, der sich nach ihr richtet. Wenn der Mensch sich überhaupt noch dazu bewegen lässt, sich mit Religion zu befassen, auf welche Fragen erwartet er dann

Antwort von ihr? Und wie sehen diese Antworten im Quran aus?

Da ist natürlich zuerst die Frage nach Gott. Im Thronvers wird uns gesagt: „Allah - es gibt keinen Gott außer Ihm." Diese wenigen Worte packen jeden, den ganz Einfachen und den intellektuellen Giganten gleichermaßen. Aus der Fülle der Hinweise auf Gottes Güte, Gnade, Allmacht können wir vielleicht die Folgenden herausgreifen, weil sie uns zugleich Aufschluss über unsere eigene Herkunft geben:

„Wir haben euch erschaffen. Warum wollt ihr da nicht die Wahrheit zugeben? Was meint ihr denn, (wie es sich mit dem verhält) was euch an Samen entfließt? Seid ihr es, die ihr (den Menschen aus ihm) erschafft, oder sind Wir die Schöpfer? Wir haben unter euch den Tod verhängt, und Wir können nicht daran gehindert werden, dass Wir euch durch euresgleichen ersetzen und euch auf eine Weise (wieder) entstehen lassen, von der ihr nicht(s) wisst. Und ihr kennt doch gewiss die erste Schöpfung. Warum wollt ihr euch also nicht besinnen? Habt ihr betrachtet, was ihr aussäet? Seid ihr es, die ihr es wachsen lasst, oder lassen Wir es wachsen? Wollten Wir, Wir könnten es alles zerstören, dann würdet ihr nicht aufhören, euch zu beklagen: Wir sind zugrunde gerichtet! Nein, wir sind beraubt. Habt ihr das Wasser betrachtet, das ihr trinkt? Seid ihr es, die ihr es aus den Wolken niedersendet, oder sind Wir die Sendenden? Wollten wir es, Wir könnten es bitter machen. Warum wollt ihr also nicht dankbar sein? Habt ihr das Feuer betrachtet, das ihr zündet? Seid ihr es, die ihr den Baum dazu hervorbrachtet, oder sind wir die Schöpfer? Wir haben ihn zur Ermahnung erschaffen und zur Wohltat für die Reisenden in der Wüste. Darum preise den Namen deines Herrn, des Großen." (**56**:57-74)

Wer über das nachdenkt, was hier über Gott und die Schöpfung des Menschen und der wichtigsten Dinge, die er zum Überleben benötigt, gesagt wird, können den noch Zweifel über die Existenz Gottes beschleichen? Nach islamischer Auffassung macht nur der richtigen Gebrauch von seiner Intelligenz, der mit ihrer Hilfe zu der Erkenntnis gelangt, dass es Gott gibt.

In einer unglaublichen Vielzahl von Gleichnissen wird uns im Quran gesagt, wie Gott uns mit allem versorgt hat, mit Früchten und Getreide, mit Land und Meer, mit dem Wechsel von Tag und Nacht, mit Sonne und Regen, wie Er die Bienen gelehrt hat, den heilsamen Honig für uns zu sammeln, wie Er uns Wege durch Täler und Gebirge gebahnt hat und wie Er eine Barriere zwischen Süßwasser und Salzwasser gelegt hat, in denen beiden Nutzen für uns ist: Fische, die wir essen, Perlen, mit denen wir uns schmükken, und deren Gewässer unsere Schiffe durchpflügen.

Es ist die Gradlinigkeit, Einfachheit, in der diese Gleichnisse gefasst sind, die uns ergreift. In einem Gespräch mit einem namhaften Wissenschaftler, Professor für semitische Sprachen an der Universität München, sagte dieser: „Verglichen mit der arabischen Poesie seiner Zeit wirkte das, was Muhammad seinen Anhängern in Form des Qurans vortrug, manchmal ungehobelt... Aber man darf nicht übersehen, dass es dabei nicht um die Besingung der Unendlichkeit und Unbarmherzigkeit der Wüste ging, um schlanke

Kamelhälse oder die brunnendunklen Augen der Geliebten. Hier wurden den Arabern erstmals Grundsätze verkündet, nach denen sie ihr Leben zum Wohlgefallen Gottes einrichten sollten.

Dafür bedurfte es einer ganz anderen, ja teils neuen Sprache, auch wenn diese Muhammad den Spott seiner Zeitgenossen einbrachte."

Wirken im Gegensatz zu den schlichten Sätzen des von Gott offenbarten Qurans beispielsweise die folgenden Zitate aus der sogenannten „Ährenlese" des Begründers der Baha'i-Bewegung nicht fast grotesk: „Gesegnet der König, der voranschreitet, das Banner der Weisheit vor sich entfaltend und die Heere der Gerechtigkeit hinter sich scharend. Er ist wahrlich der Schmuck, der die Stirn des Friedens und das Antlitz der Sicherheit ziert." (Kap. 112) Oder: „Denkt darüber nach, O Menschen, und gehört nicht zu denen, die verwirrt durch die Wildnis des Irrtums wandeln." (Kap. 163) Oder: „Erleuchtet und heiligt eure Herzen. Lasst sie nicht durch die Dornen des Hasses und die Disteln der Bosheit entweiht werden." (Kap. 156) Oder: „Durch die von diesem erhabenen Wort entfesselte Kraft verleiht Er den Vögeln der Menschenherzen frischen Schwung." (Kap. 43/117) So entlarven sich fabrizierte Offenbarungen nur allzu rasch selbst. Wie etwa auch im Fall der „Ahmadiyya-Bewegung", wo sich die „Eingebungen „damit befassen, dass „diese Regierung (die Briten in Indien) das Leben und Eigentum der Muslime gegen den Angriff von Übeltätern schützt... Ich habe dies geäußert in Übereinstimmung mit dem göttlichen Befehl des Heiligen Propheten." (Nurul Haq, Teil 1, S.30) Oder wo Prophezeiungen die Ernennung irgendwelcher Zeitgenossen zu Richtern usw. betreffen oder wo denen, die ein Zehntel ihres Vermögens für die Bewegung stiften, die Aufnahme in den „himmlischen Friedhof verheißen wird. (Alwassiyyat, S.24) Man kann wirklich nur seine Zuflucht bei Gott suchen, wenn man in den Schriften dieser Bewegung auf solche Auslassungen stößt.

Im Islam ist alles klar und einfach. Muslim ist, wer das Glaubensbekenntnis ablegt: „Ich bezeuge, dass es keine Gottheit gibt außer dem Einen Gott, und ich bezeuge, dass Muhammad Sein Diener und Gesandter ist." Für den vernünftigen, einsichtigen Menschen ergibt sich daraus von selbst, dass er sich nach besten Kräften bemüht, das zu befolgen, was ihm der Gesandte Gottes übermittelt.

Er fühlt sich auch geborgen in der Obhut Gottes, denn im Quran wird gesagt:

„Er ist mit Euch, wo immer ihr sein mögt."(**57**:4)

Darum hütet sich der Muslim davor, irgend jemandem oder einer Sache solche Zuneigung entgegenzubringen, dass er dadurch Gott und Seine Vorschriften vernachlässigen würde. Denn das wäre Götzendienst, die einzige unverzeihliche Sünde nach islamischer Auffassung, sofern man sich nicht rechtzeitig besinnt und aufrichtig bereut. Dieser unerschütterliche Glaube an den Einen, Einzigen Gott stellt die erste der fünf Säulen des Islam dar. Diese fünf Säulen tragen das Gebäude des Islam, in dem die Gemeinschaft Schutz sucht und in Sicherheit leben kann.

Die anderen sind: Das Gebet, über das uns gesagt wird:
„Und verrichtet das Gebet. Wahrlich, das Gebet hält ab von aller Art von Schändlichkeit und Unrecht." (**29**:45)

Denn es erinnert uns an den Sinn unseres Daseins. Das

Fasten, von dem es heißt:

> „O die ihr glaubt! Fasten ist euch vorgeschrieben,
> wie es denen vor euch vorgeschrieben war, auf dass
> ihr gerecht werden möget."(**2**:183)

Gerecht und gottesfürchtig ist der, der nicht gedankenlos tagtäglich isst, wann und wie viel ihm Spaß macht, sondern zum Fasten bereit ist. Denn Fasten fordert in unserem mitteleuropäischen Überfluss dem Menschen ein hohes Maß an Selbstbeherrschung ab. Und es öffnet die Herzen für echtes Mitleiden mit den Bedürftigen, nicht nur für flüchtiges Mitleid, das mit einem Groschen in die Sammelbüchse irgendeiner Welthungerhilfe abgetan ist.

Die Zakatabgabe für Bedürftige und für die Sache des Islam, zu der wir im Quran lesen:

> „Und was ihr an Zakat gebt, indem ihr nach (Wohlgefallen vor) Gottes Antlitz verlangt - sie sind es,
> die vielfache Mehrung empfangen werden."(**30**:39)

Und an anderer Stelle heißt es:

> „Sie befragen dich, was sie spenden sollen. Sprich:
> Das Entbehrliche."(**2**:219)

Hier möchte ich kurz verweilen. Denn der Islam scheint mir mit diesen wenigen Worten eine Lösung aufzuzeigen für die kommenden Jahrzehnte, die über das Weiterbestehen der Menschheit auf Erden die Entscheidung bringen werden. Rufen sie uns doch dazu auf, uns von dem zu trennen, was entbehrlich ist. Der Abgrund des bevorstehenden Untergangs tut sich vor uns auf, weil die bereits Besitzenden immer mehr zusammenzuraffen versuchen, weil niemand mehr zum freiwilligen Verzicht zugunsten anderer bereit ist, weil sich zu viele Menschen mit keineswegs beunruhigtem Gewissen wohlgesättigt in ihre wei-

chen Betten sinken lassen und einfach an die Hungern-
den, Frierenden nicht denken wollen. Wenn wir nicht bald
von unserer Einsicht Gebrauch machen und für andere,
benachteiligte Menschen mitdenken lernen, muss es zu
einem Kampf auf Leben und Tod zwischen all jenen kommen, die nach den Reis- und Kartoffelschüsseln drängen.
Wenn andere sagen: alles, was wir hingeben, ist nur ein
Tropfen auf den heißen Stein; dann müssen wir Muslime
uns daran erinnern, dass das Geben unsere religiöse Pflicht
ist, nach deren Erfüllung wir dereinst befragt werden. Da
nützen dann keine Ausreden. Hundert Haushalte aber, in
denen monatlich zehn Mark oder Dollar oder Franken an
üppigen Fleischgerichten eingespart werden und dafür
Gemüse gegessen wird, könnten schon 1.000 Mark oder
Dollar oder Franken für einen guten Zweck sammeln und
dabei gleichzeitig die Gesundheit der sowieso allzu oft
übergewichtigen Familienmitglieder fördern. Wenn Eltern
ihren Kindern einen solchen Gemeinsinn vormachen, wird
vielleicht auch die Trost- und Hoffnungslosigkeit der jungen Generation und ihre Ablehnung den Erwachsenen
gegenüber allmählich abgebaut. Islam wirklich vorgelebt
hat die rettende Alternative durchaus zu bieten, in dem
ganz einfachen Konzept der fünf Säulen. Glauben an einen Einzigen Gott, was gleichbedeutend ist mit bewus-
ster Abwendung vom Götzen Materialismus, Gebet, das
uns in der Hektik des heutigen Lebens zur Besinnung auf
unser wahres Ziel hinlenkt; Fasten, das uns zu sinnvollem
Verzicht erzieht; Zakatabgabe, die uns unsere Habgier
durch tätige Linderung der Not anderer und Zuwendung
an die Sache des Islam besiegen hilft; und die Pilgerfahrt
nach Makkah, wo Menschen aller Zungen und Hautfar-

ben zusammenkommen, um gemeinsam in Demut Gott ihren Dank abzustatten, so wie es die Gläubigen in ununterbrochener Kette bis hin zum Propheten 1400 Jahre lang getan haben.

Der Sinn des menschlichen Lebens besteht darin, dass wir unsere Rolle als Statthalter Gottes auf Erden akzeptieren. Das bedeutet, dass jeder einzelne von uns auch bewusst die Verantwortung dieser Statthalterschaft zu tragen hat, sich also nicht am rücksichtslosen Raubbau beteiligt, sondern das ihm Anvertraute hegt und pflegt. Uns hierzu die Anleitung zu geben, hat Gott den Menschen Seine Offenbarung gesandt.

„Wahrlich, Wir schickten Unsere Gesandten mit klaren Beweisen und sandten mit ihnen das Buch und die Waage herab, auf dass die Menschen Gerechtigkeit üben möchten. Und Wir sandten das Eisen herab, worin (Kraft zu) gewaltigem Krieg wie auch zu (vielerlei anderem) Nutzen für die Menschen ist, damit Allah die erkenne, die Ihm und Seinem Gesandten beistehen, wenngleich ungesehen. Fürwahr, Allah ist Allgewaltig, Allmächtig."(**57**:25)

Wenn der Mensch, wie von dem bekannten Giessener Psychoanalytiker Horst Eberhard Richter in seinem Buch „Der Gotteskomplex"[1] beschrieben, zu stolz und überheblich ist, sich durch vorbehaltlosen Glauben an Gott in Abhängigkeit Ihm gegenüber zu begeben und sich selbst für allmächtig hält, beraubt er sich des Sinns seines Daseins. Erst wenn er erkennt, woher er kommt und dass er das Leben als Prüfung zu bestehen hat, also auch bereit sein

---

[1] Horst E.Richter DER GOTTESKOMPLEX, Rowohl 1979

muss, zu leiden, und dass er schließlich wird sterben müssen, kann er bewusst und in Zufriedenheit jedes Stadium seiner irdischen Existenz durchmessen. Um mit Richter zu sprechen:

„Der Mensch könnte sich jeweils als das bejahen, was er ist, und nicht immer nur als das, was er hofft zu werden, oder als das, was er -vielleicht- einmal war. (S.235)

Und das bringt uns zu den sogenannten „letzten Dingen des Menschen". Auch hierzu wird uns ganz klar im Quran gesagt:

„Jede Seele soll den Tod kosten."(**3**:185)

Während den „Zeugen Jehovas" schon seit den Zwanzigerjahren verkündet wird: „Millionen werden nicht sterben", denn mindestens seit 1925 wird ihnen in gewissen Abständen unablässig der „Weltuntergang" prophezeit, heißt es im Quran:

„Wo ihr auch sein mögt, der Tod ereilt euch doch,
und wäret ihr im festest gebauten Turm."(**4**:78)

Daran ist nicht zu rütteln und so mag sich der Mensch beizeiten darauf einstellen, dass er dereinst wird Rechenschaft ablegen müssen über sein Leben. Schlicht und einfach sieht das Lebensrezept für den Muslim im Quran aus:

„Bei der flüchtigen Zeit, wahrlich, der Mensch ist
im Zustand des Verlusts, außer denen, die glauben
und gute Werke tun und einander zur Wahrheit ermahnen und einander zur Geduld und Standhaftigkeit ermahnen."(Sure **103**)

Einer der schönsten Aspekte des Islam ist, was er über das Miteinander der Menschen aussagt. So wird den Männern über ihre Frauen gesagt:

„Sie sind euch ein Gewand, und ihr seid ihnen ein

Gewand"(**2**:187).

Das heißt sie schützen, wärmen, bedecken einander. Über die Gläubigen heißt es:

„Er hat Liebe (zueinander) in ihre Herzen gelegt. Hättest du auch alles aufgewandt, was auf Erden ist, du hättest doch nicht Liebe in ihre Herzen zu legen vermocht. Allah hat Liebe in sie gelegt. Er ist Allmächtig, Weise.(**8**:63)

Doch lassen wir abschließend Al-Ghasali zu Wort kommen, dessen Ratschläge zum Miteinanderleben heute genau so gültig sind wie zu seinen Lebzeiten um das Jahr 1100. Obwohl er einer der größten Gelehrten in der Geschichte des Islam war, ist es die Schlichtheit in dem, was er zu sagen hat, die ihn zum beispielhaften Spiegelbild islamischer Größe macht:

„Die Pflicht der Zunge ist bald eine Pflicht zum Schweigen, bald eine Pflicht zum Reden. Die Pflicht zum Schweigen besteht darin, dass du von den Fehlern des Bruders schweigst, sei es in seiner Gegenwart, sei es, wenn er fern ist, sondern tust, als ob du nichts davon wüsstest; ferner darin, dass du nicht widerredest dem, was er sagt und nicht mit ihm streitest noch richtest, und dass du ihn nicht aushorchst noch ausfragst nach dem, was er gern geheim halten will. Wenn du ihn auf der Straße triffst oder mit etwas beschäftigt siehst und er nicht von selbst mit dir zu reden anfängt über das, was er vorhat, woher er kommt und wohin er geht, so solltest du nicht danach fragen. Denn vielleicht wäre es ihm lästig, davon zu reden, oder er müsste dir eine Lüge sagen. Du sollst Stillschweigen bewahren über das, was der Bruder dir anvertraut und keinem jemals etwas davon sagen, auch nicht deinem nächsten Freunde, auch nicht nach einem Bruch oder Zerwürfnis mit dem Bruder, denn das ist niedrig und gemein. Und du sollst seine Freunde und sein Weib und Kind nicht tadeln oder schmähen, auch den Tadel anderer nicht hinterbringen; denn der Zuträger der Schmähung ist selbst ein Schmäher. Auch der Prophet pflegte, wie Anas berichtet, niemandem das ins Gesicht hinein zu sagen, was ihm zuwider sein musste... Du sollst aber dem Bruder auch das Lob nicht verhehlen, das du über ihn hörst, denn auch die Freude am Lob kommt zuerst vom Überbringer, dann erst von dem Urheber des Lobes... Du sollst also jegliches Reden, das dem Bruder zuwider ist, unterlassen, sei es lang oder kurz, es sei denn, dass du ihn in einer Sache zum Rechten ermahnen und vom Unrecht abhalten musst und dir das Gesetz nicht zu schweigen erlaubt. Dann gilt es gleich, ob es ihm angenehm oder zuwider ist, denn dann erweist du ihm in Wirklichkeit eine Wohltat, wenn es ihm auch als Übeltat erscheinen mag... Auch bedenke: Wenn du einen Menschen suchst, der von allen Fehlern frei ist, so bedeutet das den Verzicht auf jede Gesellschaft mit Menschen, denn dann wirst du nie einen Menschen finden, mit dem du umgehen kannst. Jeder Mensch hat Tugenden und Fehler, und wenn die Vorzüge die Fehler überwiegen, so ist das Äußerste, was du verlangen kannst... Dein Bruder hat vielmehr ein Recht darauf, dass du sein Tun nie zum Schlechten auslegst, solange es dir möglich ist, es zum Guten auszulegen... Denn Schlechtdenken von anderen ist üble Nachrede mit dem Herzen, und auch dies ist uns untersagt... Der Gesandte Gottes sagt: Wer die Blöße seines Bruders bedeckt, den bedeckt Gott in dieser und in jener Welt. ... Der Fehltritt deines Freundes kann entweder in

119

einer Sünde gegen Gott oder in einem Vergehen gegen dich durch Verletzung der Bruderpflicht bestehen. Sündigt er gegen Gott und beharrt bei dieser Sünde, so sollst du ihn freundlich ermahnen und versuchen, das Krumme gerade zu richten und ihm wieder zurecht zu helfen. Ob man aber, wenn das nicht gelingt, und er doch bei seinem Tun beharrt, die Pflicht der Liebe weiter erfüllen oder abbrechen solle, darin sind die Gefährten des Propheten und ihre Nachfolger verschiedener Meinung gewesen... Man erzählt von zwei Freunden aus der alten Zeit, von denen der eine den rechten Weg verließ. Da fragte man den anderen, ob er nicht mit ihm brechen und ihn verlassen wolle. Er aber antwortete: Das, was er am meisten von mir nötig hat in dieser Zeit, da er gestrauchelt ist, ist dass ich seine Hand fasse und ihm freundlich zurede und für ihn bitte, damit er auf den rechten Weg zurückkehrt. ... Der Grund für das Schließen eines Bruderbundes ist doch der, dass man einander weiterhelfen will auf dem Weg zu Gott[2].

---

[2] Al-Ghasali DAS ELIXIER DER GLÜCKSELIGKEIT übers. v. H. Ritter, Diederichs- Verlag, Düsseldorf- Köln, 1959

TOD UND STERBEN
UND WAS DANN?

Der Islam ist bekanntlich keine „neue" Religion, auch wenn man ihn als jüngste der großen Weltreligionen bezeichnet. Vielmehr versteht er sich als Fortsetzung und Ergänzung von Judentum und Christentum. Dementsprechend werden die islamischen Vorstellungen vom Tod und Sterben und dem, was danach kommt, kaum fremd anmuten.

Im Islam werden Leben und Tod keineswegs als Gegensätze angesehen, sondern ganz einfach als zwei Aspekte des Seins. Lassen Sie mich zur Einstimmung einen Quranvers zitieren:

„O Ihr Menschen, wenn ihr im Zweifel seid über die Auferstehung, so (bedenkt) dass wir euch aus Erde erschaffen haben, dann aus geronnenem Blut, dann aus Fleisch, geformtem und ungeformtem, auf dass Wir euch (Unseren Willen) deutlich machen möchten. Und wir lassen in den Mutterschößen ruhen, was Wir wollen bis zu einer bestimmten Frist; dann bringen Wir euch als Kindchen hervor; dann (ziehen Wir euch groß) dass ihr das Alter der Vollkraft erreichen möget. Und einige sind unter euch, die (in der Jugend) vom Tod ereilt werden, und andere sind unter euch, die zu einem hinfälligen Greisenalter zurückgeführt werden, so dass sie, nachdem (sie) Wissen (besaßen) nichts mehr wissen. Und du siehst die Erde leblos, doch wenn Wir Wasser über sie herniedersenden, dann regt sie sich und schwillt und lässt alle Arten (des Pflanzenreiches) hervorsprießen, die das Auge entzücken."(22:6)

In manchen Kreisen ist es auch heute noch tabu, über Sterben und Tod zu sprechen. Tod ist etwas Finsteres, Böses und weil er unvermeidlich über jeden Menschen kommt, behaupten viele, sie könnten nicht an Gott glauben, denn wenn es Gott gäbe, müsse Er gut, freundlich, nachsichtig sein und es dürfe kein Leid auf dieser Welt geben. Im Islam heißt es dagegen ganz eindeutig:

„Jedes Lebewesen soll den Tod kosten; und Wir stellen euch auf die Probe mit Bösem und Gutem als eine Prüfung; und zu Uns sollt Ihr zurückgebracht werden."(**21**:36)

„Segensreich ist Der, in Dessen Hand die Herrschaft ist; und Er vermag alle Dinge zu tun. Der den Tod erschaffen hat und das Leben, dass Er euch prüfe, wer von euch der Beste ist im Handeln; und Er ist der Allmächtige, der Allverzeihende."(**67**:2-3)

Gottes Allmacht setzt also eine Frist fest für jeden Menschen, die sich weder vorverlegen noch hinauszögern lässt:

„Wo ihr auch sein mögt, der Tod ereilt euch doch, und wäret ihr in hohen Türmen"(**4**:78)

Doch Sein Unwille über menschliche Missetaten wird „überwältigt" von Seiner Barmherzigkeit. Dazu gehört, dass Er manchen Menschen nur eine kurze Lebensspanne zumisst, damit sie nichts Böses tun können oder damit sie

ihren schlechten Taten nicht noch mehr Schlimmes hinzu-
fügen können. Und es gehört dazu, dass Er manche ein
hohes Alter erreichen lässt, damit sie mehr und mehr gute
Taten vorausschicken können, oder aber, damit sie sich
durch entsprechende Schicksalsschläge doch noch auf den
Zweck ihres Daseins besinnen und sich Gott zuwenden,
Den sie in jugendlichem Stolz und Übermut außer Acht
zu lassen pflegten. Nach islamischer Auffassung ist der
Mensch von Gott mit den besten Anlagen erschaffen worden. Er kann, wenn er in Übereinstimmung mit dem göttlichen Willen lebt, die höchste Stufe, nämlich die der Propheten und Gottesgesandten erreichen. Doch wenn er seine Seele verderben lässt, kann er zum Niedrigsten aller
Lebewesen absinken, ungleich niedriger als jedes Tier.

Ich möchte hier in geraffter Form einige Geschichten
aus dem Quran anführen, die diese Aussagen beleuchten
sollen. Sei diesen Berichten geht es nämlich in erster Linie
nicht um historische Ereignisse, wie wir sie in ähnlicher
Weise auch in Bibel und Thora erwähnt finden. Vielmehr
werden wir erkennen, dass Adam, der erste Mensch, in
jedem von uns weiterlebt, ebenso wie etwa Noah, Abraham oder Moses.

Die islamische Schöpfungsgeschichte

Adam und Hawa (Eva) werden von Gott aus Ton in
schönster Form erschaffen, dann haucht Er ihnen von Seinem Geist ein und lehrt sie „die Namen aller Dinge" - d.h.
die Unterscheidung zwischen Gut und Böse. Damit erhebt
Er sie in einen Rang, der höher ist als der Engel. Von diesen Engeln verlangt Gott daher, der sich vor Adam nie-

derzuwerfen, und sie alle tun es, bis auf Iblis/Schaitan/ Satan. Er ist zu stolz, hält sich für besser als Adam, weil er aus Feuer erschaffen ist. Gott verweist ihn deshalb aus dem Paradies. Doch er bittet um Aufschub mit den Worten:

„...Ich will ihnen gewisslich auflauern auf Deinem geraden Weg. Dann will ich über sie kommen von vorne und von hinten, von ihrer Rechten und von ihrer Linken, und Du wirst die Mehrzahl von ihnen nicht dankbar finden."(7:16-17)

Stolz ist der Anfang allen Übels. Schaitan ist stolz, aus Feuer geschaffen zu sein, meint, er sei besser als Adam, und geht dabei so weit, sich sogar Gottes Befehl zu widersetzen. Dieser stolze Schaitan will beweisen, dass er den Sieg davontragen kann über die durch ihre Urteilskraft überlegenen „Urmenschen" Adam und Eva. Er bringt sie tatsächlich so weit, auf seine Einflüsterungen zu hören. Sie fangen an, abzuwägen: sollen wir Gottes Gebot gehorchen und den verbotenen Baum nicht berühren? Oder wäre es möglich, dass wir es gar nicht nötig haben, uns dem göttlichen Willen zu unterwerfen? Vielleicht werden wir durch die Früchte des Baumes tatsächlich Einsichten gewinnen, die uns noch mehr bieten als das Leben in Glück und Frieden im Paradies? Durchläuft nicht jedes Kind in seinem Entwicklungsprozeß all diese Stadien unserer „Ureltern"? Und selbst wir Erwachsenen - treibt es uns nicht immer wieder wie den sprichwörtlichen Esel, dem's zu wohl wird, auf das Eis?

Obwohl ihre Vertreibung aus dem Paradies unabwendbar ist, verzeiht Gott ihnen doch und macht Adam zu seinem ersten Gesandten auf Erden. Für Adam und Eva ist die Vertreibung so etwas wie der Jüngste Tag - sie haben diese erste Prüfung nicht bestanden, aber sie erhalten die Chance für einen Neuanfang, allerdings unter wesentlich erschwerten Umständen. Wird ihnen die schmerzliche Lehre genügen, um fortan auf dem rechten Weg zu bleiben? Und wie steht es mit uns? Sind wir lernfähig, oder muss uns das Schicksal immer wieder Schläge versetzen, bis wir von unserer gottgegebenen Vernunft tatsächlich Gebrauch machen?

Noah

Er ermahnt sein ganz dem diesseitigen Leben zugewandtes Volk, nur an einen Gott zu glauben und Ihm zu dienen. Doch sie machen sich lustig über ihn und als er gemäß göttlicher Anweisung beginnt, seine Arche zu bauen, kommen sie vorbei und wollen sich ausschütten vor Lachen über so viel - ihrer Meinung nach -unsinniges Abmühen. Schließlich öffnen sich die Schleusen des göttlichen Zorns und Wasser sprudelt hervor und Noah erhält den Befehl, von allen Tieren ein Paar und die wenigen Gläubigen seiner Umgebung in seine Arche aufzunehmen. Die Wogen steigen schon hoch, da ruft er seinem Sohn zu: -Steige mit uns ein, mein Sohn, und sei nicht einer der Ungläubigen. Er antwortete: Ich will mich auf einen Berg begeben, der mich vor Gottes Befehl schützen wird.

"Da sagt Noah: Keiner ist heute vor Gottes Befehl geschützt außer dem, dessen Er sich erbarmt hat. Und eine Woge trennte beide, und er ertrank." (**11**:44-45)

Auch in Noah werden manche von uns sich wiederfinden. Wer hätte sich nicht schon für eine gute Idee leidenschaftlich eingesetzt, dafür von anderen aber nichts als Spott geerntet? Die Menschen verzeihen es einem ungern, wenn man sie aus ihrem üblichen, bequemen Trott aufzurütteln versucht. Sie wollen ungestört ihren eigenen Bestrebungen nachgeben und empfinden sogenannte Weltverbesserer als lästig.

Es nützt Noahs Sohn auch nichts, einen Propheten zum Vater zu haben. Er selbst muss entscheiden, wie er die Flut zu überstehen gedenkt. Vermutlich schon angesteckt durch den Hohn der Ungläubigen, hält er sich für klüger als den Vater und will sich auf einen Berg retten. Einige Verse weiter im Quran versucht Noah dann noch mit Gott zu reden. Er habe ihm doch versprochen, dass er mit seiner Familie gerettet werde, warum sei sein Sohn nun doch ertrunken? Und Gott antwortet: „Er war nicht von deiner Familie." Beschämt bittet Noah um Verzeihung. Jeder Mensch ist also letztlich für sich selbst verantwortlich. Will er auf die göttliche Weisung nicht hören, dann darf er sich nicht wundern, wenn er dafür teuer bezahlen muss.

Abraham

Auf der Suche nach Gott meint er erst, ein strahlender Stern am Nachthimmel sei die Gottheit, dann der Mond, der noch heller ist, und schließlich die Sonne, die alles mit ihrem Glanz übergießt. Doch als die Gestirne nacheinander untergehen, begreift er, dass das alles nur geschaffen und dass Gott weitaus größer ist. So macht er sich daran, die Steingötzen seines Volkes bis auf den größten von ihnen zu zertrümmern. Zur Rechenschaft gezogen fordert er, dass man diesen „Obergott" befragen möge. Beschämt sagen die Götzenanbeter: „Du weißt sehr wohl, dass diese nicht sprechen." Doch um den Frevel zu rächen, werfen sie Abraham ins Feuer. Gott aber spricht:

„O Feuer, sei kühl und ohne Harm für Abraham. Und sie strebten, ihm Böses zu tun, allein Wir machten sie zu den größten Verlierern."(**21**:69-70)

Wer würde nicht mit Abrahams Herz fühlen - er steht in einer stillen Sternennacht unter dem glitzernden Firmament, spürt dabei etwas von der Allmacht Gottes, will Gott in ein greifbares Bild fassen und merkt dann doch, dass das, was untergeht, nicht Gott sein kann. Einmal erkannt, dass Gott unendlich viel größer, erhabener ist als alles Sichtbare, Fassbare, überwältigt ihn der Zorn über die Götzenanbetung seiner Mitmenschen. Und Gott belohnt Abraham, indem Er eines Seiner Naturgesetze aufhebt. Er lässt das Feuer, das Abraham nach dem Willen der Götzenanbeter verbrennen soll, kühl sein für Abraham.

Als Abraham Gott im hohen Alter um Nachkommen bittet, schenkt Er ihm zwei Söhne. Für diese Gnade fordert Er eines Tages einen furchtbaren Beweis von Gottergebenheit: Abraham soll seinen geliebten Sohn opfern.

Im Quran wird uns diese Geschichte so erzählt, dass Abraham seinem Sohn sagt, was Gott von ihm verlangt und den Jungen fragt, was er tun solle. Da antwortet das Kind: „Tue was Gott dir befohlen hat und du wirst mich, so Gott will, geduldig finden." Also setzt Abraham das Messer an, doch die Stimme Gottes sagt ihm, dass er seine Opferbereitschaft hinreichend bewiesen habe und dass er anstelle seines Sohnes einen Hammel opfern solle.

Im Andenken an diesen dramatischen Vorfall feiern die

Muslime bis heute ihren höchsten Feiertag, das sogenannte Opferfest.

Ich muss zugeben, es braucht wohl schon einen Propheten, um eine so schwere Prüfung zu bestehen.

Ich hätte es gewiss nicht geschafft. Aber mein Herz schlägt für diesen großartigen Mann, der durch diese Schilderung für mich ein Mensch aus Fleisch und Blut geworden ist.

Moses

Er geht mit einem weisen Mann, um von ihm zu lernen. Dieser sagt Moses aber sogleich, er werde keine Geduld haben, sondern ihn entgegen ausdrücklicher Weisung voreilig befragen. Der Weise versenkt auf ihrer gemeinsamen Wanderschaft das Boot eines Fährmanns, der sie über einen Fluss setzt, erschlägt einen jungen Mann und richtet eine umstürzende Mauer in einer Stadt auf, deren Bewohner den Wanderern das Gastrecht und die Bewirtung verweigern. Als Moses auch beim dritten Mal seine Frage nicht zurückhalten kann, trennen sich die Wege der beiden, der Weise aber erklärt, wie im Quran nachzulesen:

„...Doch ich will dir die Deutung von dem sagen, was du nicht in Geduld zu ertragen vermochtest. Was das Boot anbelangt, so gehörte es armen Leuten, die auf dem Meer arbeiteten, und Ich wollte es schadhaft machen, denn hinter ihnen war ein König her, der jedes Schiff kaperte Und was den Jüngling anbelangt, so waren seine Eltern Gläubige, und wir fürchteten, er möchte Schande über sie bringen durch Widersetzlichkeit und Unglauben. So wünschten wir, dass ihr Herr ihnen zum Tausch (ein Kind) gebe, besser als dieser an Lauterkeit und näher in (kindlicher) Zuneigung. Und was nun die Mauer anbelangt, so gehörte sie zwei Waisenknaben in der Stadt und darunter lag ein Schatz, der ihnen gehörte, und ihr Vater war ein Rechtschaffener gewesen; so dein Herr, dass sie ihre Volljährigkeit erreichen und ihren Schatz heben möchten, als eine Barmherzigkeit von deinem Herrn; und ich tat es nicht aus eigenem Ermessen... „(**18**:80-84)

Als Moses schließlich an Pharaos Hof zurückkommt und versucht, ihn und das Volk von ihren Irrwegen abzubringen, indem er seine göttlichen Zeichen vorweist, fordern ihn die Zauberer des Pharao zum Wettkampf auf. Sie werfen Stricke und diese werden durch einen Zaubertrick zu Schlangen. Moses aber wirft seinen Stock und dieser verwandelt sich mit Gottes Hilfe in eine noch größere Schlange, die Schlangen der Zauberer verschlingt. Da erkennen die Zauberer sofort, dass Moses ein Gesandter Gottes ist und werfen sich anbetend vor Gott nieder und sprechen, wie im Quran nachzulesen ist:

„Wir glauben an den Herrn Aarons und Moses, Pharao sprach: Glaubt ihr an Ihn, bevor ich es euch erlaube? Er muss wohl euer Meister sein, der euch die Zauberei lehrte. Wahrhaftig, ich will euch darum eure Hände und Füße wechselseitig abschlagen, und wahrhaftig, ich will euch an den Stämmen von Palmbäumen kreuzigen lassen: dann werdet ihr bestimmt erfahren, wer von uns strenger und nachhaltiger ist im Strafen. Sie sprachen: ‚Wir wollen dir auf keine Weise den Vorzug geben vor den deutlichen Zeichen, die zu uns gekommen sind, noch vor Dem, Der uns erschaffen hat. Gebiete, was du gebieten magst: du kannst ja doch nur für das irdische Leben gebieten. Wir, wir glauben an unseren Herrn, auf dass Er uns unsere Sünde vergebe und die Zauberei, zu der du uns zwangst. Allah ist der Beste und der Beständigste.(**20**:70-75)

Aus der Geschichte von Moses ist tröstlicherweise herauszulesen, dass die menschliche Vernunft erst durch mühevolle Erfahrungen herangebildet wird, einem also keineswegs fix und fertig in die Wiege gelegt wird.

Aus zahlreichen Stellen, an denen im Quran von der Begegnung zwischen Moses und Pharao die Rede ist, lässt sich ersehen, dass Moses dieses Zusammentreffen fürchtete, ja Gott sogar um Unterstützung durch seinen Bruder Aaron bat. Als er sich schließlich auf den Weg macht, siegt seine Vernunft. Er vertraut fest auf Gottes zugesagten Beistand und lässt sich durch nichts mehr beirren. Auch bei den Zauberern ist es die Vernunft, die Oberhand behält. Selbst durch die Androhung eines qualvollen Todes lassen sie sich nicht mehr von ihrem neu gewonnenen Glauben abbringen. Wenn man bedenkt, dass diese Männer ein Leben lang durch ihre Zauberei Macht, Ansehen und Reichtum geerntet hatten, dass ihnen von Pharao eine großartige Belohnung in Aussicht gestellt worden war, falls sie über Moses siegen würden, kann man die Entschlossenheit ahnen, nachdem sie Moses echtes Wunder gesehen hatten.

Sie begreifen, dass es darauf ankommt, die Prüfung in diesem Leben zu bestehen, damit ihnen nicht das ungleich viel dauerhaftere Jenseits verloren geht. Dagegen erscheint ihnen Pharaos Macht über irdisches Leben und Tod nebensächlich. Das ist, was der Islam unter Nutzung der menschlichen Vernunft versteht.

Jesus

Jesus, der vorletzte der im Quran genannten Gottesgesandten und unmittelbare Vorgänger Muhammads (Friede sei mit ihm) vollbrachte mit Gottes Erlaubnis unzählige Wunder. Er heilte Leprakranke und Blinde und er erweckte Tote auf. Im Quran spricht Gott zu Jesus:

„O Jesus, Sohn der Maria, gedenke Meiner Gnade gegen dich und deine Mutter; wie Ich dich stärkte mit dem Geist der Heiligkeit, (so dass) du in der Wiege zu den Menschen redetest und im Mannes-alter; und wie ich dich die Schrift lehrte und die Weisheit und die Thora und das Evangelium... Als Ich (die Jünger Jesu) bewog, an Mich und Meinen Gesandten zu glauben, da sprachen sie: Wir glauben, und sei Zeuge, dass wir gottergeben sind". (**5**:111-112)

Und trotzdem fragten sie Jesus, ob sein Herr imstande sei, ihnen einen Tisch vom Himmel herabzusenden. Jesus ermahnt sie, gottesfürchtig zu sein. Sie aber antworten:

„Wir begehren von diesem - Tisch zu essen, und unsere Herzen sollen in Frieden sein, und wir wollen wissen, dass du die Wahrheit gesprochen hast." (**5**:116)

Jesus bittet also seinen Herrn um diese Gnade,

„damit es ein Festtag und ein Zeichen sei." (**5**:117) Darauf spricht Gott:

„Ich will ihn (den Tisch) herabsenden zu euch; wer

aber von euch danach ungläubig ist, den werde Ich strafen mit einer Strafe, womit Ich keinen anderen auf der Welt strafen werde."(**5**:118)

Die Lehre des Islam versucht also, die Unvermeidlichkeit des Todes von Anfang an im Bewusstsein des Gläubigen zu verankern, damit er sich keiner Illusion hingebe und sich stets vor Augen hält, dass er eines Tages vor Gott wird hintreten müssen. Die Gefährten Muhammads hatten dies in immer neuen Versen im Quran gewiss auf vielfältigste Weise gelernt. Und doch - als Muhammad schließlich die Augen zumachte, verfielen sie in tiefste Verzweiflung, bis einer von ihnen diesen Vers vortrug:

„Muhammad ist nur ein Gesandter. Vor ihm sind Gesandte dahingegangen. Wenn er nun stirbt oder getötet wird, werdet ihr umkehren auf euren Fersen? Und wer auf seinen Fersen umkehrt, der fügt Gott nicht den geringsten Schaden zu. Und Gott wird die Dankbaren belohnen."(**3**:145)

Islamische Gelehrte haben aus dieser Folge von Gesandten ein sogenanntes Siebenersystem herauskristallisiert, eine Stufenleiter, die zu erklimmen Aufgabe des Menschen ist, solange er auf Erden weilt. Adam steht für das Äußere „*sahir*"; Eva für das Innere „*batin*"; Noah für das Ego „*nafs*"; Abraham für das Herz „*qalb*"; Moses für die Vernunft „*aql*"; Jesus für den Geist „*ruh*" und Muhammad für das Licht „*nur*".

Jeder Mensch durchläuft zuerst die Stufen des Äußeren - nimmt Gestalt an, und des Inneren, indem ihm Gottes Geist eingehaucht wird, er also zu leben beginnt. „Dann" erwacht sein Ego - arabisch „*nafs*" - und nun kommt es darauf an, ob es ihm gelingt dieses Ego zu erziehen und zu zügeln, so dass er es beherrschen kann, oder aber ob es ihn beherrscht. Vielen Menschen gelingt die Überwindung dieser dritten Stufe ein Leben lang nicht, sie lassen sich treiben von ihren Begierden und ihr „nafs" behält stets die Oberhand. Schaffen sie es aber doch, ihr „nafs" zu zähmen, treten sie in die nächste Stufe ein, die des Herzens. Damit ist nicht das physische Herz gemeint, sondern das liebende, Gott erkennende, demütige Herz, dessen Entwicklungsstand wir gleichnishaft an dem ablesen können, was uns im Quran über Abraham erzählt wird. Es kulminiert in der Aussage, dass Abraham der Freund „Gottes" war.

Wird auch diese Stufe bewältigt, dann folgt die der Vernunft, für die die Geschichte von Moses beispielgebend ist. Der Mensch zieht nun die Konsequenz aus seiner Gotteserkenntnis, folgt Gottes Gesetzen und verwirklicht sein Leben entsprechend dem göttlichen Willen.

Wer hierin erfolgreich ist, erreicht schließlich die Stufe des Geistes - arabisch „ruh" -, die von Jesus, der Gott so nahestand, dass er gemäß dem Willen seines Schöpfers Wunder vollbringen konnte.

Die letzte und oberste Stufe aber ist die des Lichtes „nur" die Stufe des Propheten Muhammad, Friede sei mit ihm. Sein Leben war ein einziges Gebet, Gott stand stets im Mittelpunkt seiner Gedanken und er hat seinen Anhängern und Nachfolgern einen leuchtenden Pfad vorgezeichnet, dem sie eifrig zu folgen bestrebt sind. Vielleicht ist das die Antwort auf die Frage, warum bis heute Millionen von Muslimen ohne zu Murren das fünfmalige tägliche Gebet auf sich nehmen, den ganzen Monat Ramadan hindurch fasten, Almosen für die Armen geben und, sofern die Mittel vorhanden sind, die Pilgerfahrt nach Makkah vollziehen. Vor all diesem aber: warum sie sich so ängstlich vor der einzigen unverzeihlichen Sünde hüten: dem „*Schirk*", der Beigesellung. Damit ist gemeint, dass der Mensch jemanden oder etwas so sehr schätzt oder liebt, dass er darüber Gott vergisst, es sich also zum Götzen nimmt. Dieser Götze kann ein Mensch sein, den man so sehr verehrt, dass man um seinetwillen göttliche Gebote außer Acht lässt. Oder er kann die Gestalt von Geld und Gut annehmen, auf dessen Altar man ethische Werte opfert. Oder Machtgier, wie sie sich im Bemühen um einen hohen gesellschaftlichen Rang manifestiert, in dessen Verlauf jegliche Skrupel auf der Strecke bleiben.

Beobachtet man den Menschen in seiner Umgebung genauer, wird man feststellen, dass zwar in jedem Ansätze von Ego, Herz, Vernunft, Geist und Licht zu finden sind, dass aber einer dieser Aspekte ganz eindeutig überwiegt. Wer von uns kennt nicht ausgeprägte Verstandesmenschen, solche, aus denen Herz, Geist oder Licht spricht, vor allem aber die ganz klare Mehrheit, die sich ein Leben lang im Kampf mit ihren Trieben und Begierden abmüht? Ich meine, dieses Abschweifen in die islamische Philosophie könnte uns ein wenig helfen, das Konzept von Tod, Sterben, und dem, was danach kommt, besser zu begreifen.

Da der Tod also unabwendbar ist, finden sich im Islam auch zahlreiche Hinweise auf das Sterben und was dabei zu beachten ist. So muss der, der den Tod nahen fühlt, ein Vermächtnis in Anwesenheit von Zeugen machen, damit es nach seinem Ableben nicht zu Streitigkeiten unter den Hinterbliebenen kommt. Dabei sind gewisse Richtlinien zu beachten, damit niemand zu kurz kommt. Mit Bitterkeit wird manchmal vermerkt, dass dabei in der Regel weibliche Familienangehörige, insbesondere Töchter und Schwestern, nur die Hälfte von dem erben, was Söhnen und Brüdern zusteht. Hierzu muss man allerdings wissen, dass nach islamischer Rechtsauffassung der Mann für den Unterhalt von Frau und Kindern sowie alleinstehenden Angehörigen verantwortlich ist, während die Frau all ihr Geld, sei es verdient oder ererbt, für sich behalten darf und es ihr völlig freigestellt ist, nach eigenem Ermessen davon etwas abzugeben oder beizusteuern.

Es gibt im Islam keine Sterbesakramente. Aber wenn ein Mensch den Tod nahen fühlt, sollte man ihn so betten, dass er in Gebetsrichtung blickt, d.h. in Richtung der Ka'ba in Makkah, die ja geistiges Zentrum für alle Muslime auf dieser Erde ist. Immer wieder wird den Menschen im Quran gesagt: „Sterbt nicht denn als Gläubige - Gottergebene." So sollen dem Sterbenden Gebetsworte vorgesprochen werden, sofern er selbst nicht mehr in der Lage ist zu beten. Hat der Sterbende seinen letzten Atemzug getan, kommen nach islamischer Auffassung zwei Engel und nehmen seine Seele hinweg. Der zurückgebliebene Körper wird von den Angehörigen entsprechend rituellen Vorschriften gewaschen und in weiße ungesäumte Tücher gehüllt. Überlässt man diese Aufgabe Fremden, so sind sie dafür entsprechend zu entlohnen. Der oder die Tote wird dann in orientalischen Ländern auf eine Holztrage gebettet, überdeckt, zur Moschee zum Totengebet gebracht und anschließend schnellstmöglich bestattet, meist vor Ablauf von 12 Stunden. Zum Begräbnis gehen üblicherweise nur Männer mit, Frauen sollen so still wie möglich zu Hause trauern. Wer als Märtyrer stirbt, also für die Sache Gottes im Kampf oder etwa auf der Reise zur oder von der Pilgerfahrt durch Unfall umkommt, soll am Todesort in seiner letzten Bekleidung und ohne Waschung bestattet werden, denn man sagt, dass Märtyrer unmittelbar ins Paradies eingehen. Stirbt ein Muslim in einem nichtmuslimischen Land, so lassen sich diese Vorschriften natürlich nicht einhalten. Verzögerungen bis zu fünf und sieben Tagen bis zur Bestattung müssen hingenommen werden; statt der Holztrage ein ordnungsgemäßer Sarg; aber wenn irgend möglich sollte darauf geachtet werden, dass der oder die Tote auf der Seite liegend, mit dem Gesicht in Richtung Makkah bestattet wird, was in muslimischen Ländern eine Selbstverständlichkeit ist. An vielen Orten in Deutschland haben islamische Vereine Abkommen mit Friedhofsverwaltungen geschlossen und Sektionen reservieren lassen, in denen ihre Toten in Richtung Makkah bestattet werden können. Verbrennung nach dem Tod ist nach islamischer Auffassung unzulässig - die Erde soll den Menschen zurückbekommen, wie er ja auch aus ihr hervorgegangen ist. An sich sollte der Muslim auch an dem Ort beerdigt werden, wo er gestorben ist. Die deutsche Regierung hat jedoch mit Ländern wie der Türkei Rückführungsabkommen geschlossen, weil es für viele Türken ein quälender Gedanke ist, nicht in ihrer Heimaterde die letzte Ruhe zu finden. Mit Islam hat dies allerdings nichts zu tun.

Als besondere Gnade gilt es, wenn ein Pilger während seines Aufenthaltes in Makkah oder Madinah stirbt. Ich erinnere mich an meinen zweiten Aufenthalt in Mekka. Unser Hotel lag an der Straße zum Friedhof . Nach fast jedem der fünf täglichen Gebete musste ein Totengebet für einen oder mehrere Verstorbene verrichtet werden. Im Anschluss daran eilten Träger mit dem Verstorbenen dem Friedhof zu, wobei viele Gläubige mitliefen und versuchten, wenigstens für kurze Zeit beim Tragen des Toten mitzuhelfen, weil dies als sehr verdienstvoll gilt. Man konnte die verhüllten Umrisse der Verstorbenen auf der Trage liegen sehen, was einen als Europäer schon recht seltsam anmutet. Aber irgendwie gehört es eben mit dazu zum Leben, sozusagen ständig bereit zu sein, abberufen zu werden.

In den meisten islamischen Ländern sehen die Friedhöfe sehr streng, ja trist aus, denn es ist nach einem Prophetenspruch verboten, Grabsteine oder gar Tempel über den Toten zu errichten. Wer allerdings schon einmal in der Türkei war, kennt die unzähligen Friedhöfe mit ihren beturbanten Grabsteinen, aus denen Fachleute Geschlecht und gesellschaftliche Stellung der Verstorbenen herauszulesen vermögen. Blumen als Grabschmuck auf einen Friedhof zu bringen ist allerdings völlig unüblich. Wer ein Grab besucht, was insbesondere an islamischen Feiertagen Sitte ist, legt drei aufgesammelte Steine als Zeichen seines Besuches auf das Grab.

Doch nun, nach dem Tod und Sterben zu „Und was dann?" - aus quranischer Sicht. Es gibt eine ganze Sure, die sogenannt „Die Auferstehung", in der besonders die angesprochen werden, die ein Jenseits abstreiten wollen: „Nein! Ich rufe zum Zeugen den Tag der Auferstehung. Nein! Ich rufe zum Zeugen die sich selbst anklagende Seele (dass der Tag des Gerichts gewiss ist). Wähnt der Mensch, dass Wir seine Gebeine nicht sammeln werden? Fürwahr, Wir sind imstande, (sogar) seine Fingerspitzen zusammenzufügen. Doch der Mensch wünscht, Sündhaftigkeit vor sich vorauszuschicken. Er fragt: Wann wird der Tag der Auferstehung sein? Wenn das Auge geblendet ist, und der Mond, sich verfinstert, und die Sonne und der Mond vereinigt werden. An jenem Tag wird der Mensch sprechen: Wohin nun fliehen? Nein! Keine Zuflucht! (Nur) zu deinem Herrn wird an jenem Tag die Rückkehr sein. Verkündet wird dem Menschen an jenem Tag, was er vorausgeschickt hat und was er zurückgelassen hat. Nein, der Mensch ist Zeuge wider sich selbst, auch wenn er Entschuldigungen vorbringt „

Von jeher wurden die Propheten nach der „Stunde", „Jüngsten Tag", dem „Jenseits" befragt. Alle wahren Gottesgesandten haben darauf geantwortet, dass das Wissen um die „Stunde" allein bei Gott sei. Aber sie räumten auch ein, dass sie schon ganz bald eintreffen könne. Und im Quran heißt es:

„Am Tage, an dem sie schauen (da wird es sein), als hätten sie (in der Welt) nicht länger geweilt als einen Abend oder den Morgen darauf. „(**79**:48)

Im Quran wird uns gesagt, dass der Jüngste Tag ganz plötzlich kommen wird - schneller als ein Augenzwinkern-, dass an diesem Tag die Berge eingeebnet werden, die Erde eine andere Gestalt annehmen und die Himmel eingerollt werden wie Schriftrollen. „Wenn das Ereignis eintrifft - es gibt nichts, was ein Eintreffen verhindern könnte-, dann wird es die einen erniedrigen, andere wird es erhöhen. Wenn die Erde heftig erschüttert wird, und die Berge gänzlich zertrümmert werden, dann sollen sie zu Staub werden, zuweithin verstreutem; und ihr sollt in drei Ränge geteilt werden: Die zur Rechten, die zur Linken und die Vordersten - das sind die, die Gott nahe sein werden. Eine Anzahl von den Früheren, doch nur wenige von den Späteren, auf Ruhebetten lehnend, kein eitles Geschwätz noch sündige Rede hörend... Die zur Rechten haben Wir als eine wunderbare Schöpfung erschaffen, eine große Anzahl von den Früheren und eine große Anzahl von den Späteren. Die zur Linken aber werden inmitten von glühenden Winden und siedendem Wasser sein und im Schatten schweren Rauches, denn sie verharrten in großer Ruchlosigkeit. Und sie pflegten zu sprechen: Wie! Wenn wir tot sind und zu Staub und Gebeinen geworden sind, sollen wir dann wirklich wieder auferweckt werden? Und unsere Vorväter auch?' Sprich: ,Ja, die Früheren und die Späteren."(aus der Sure 56)

Doch es gibt auch immer wieder Hinweise auf die gleichnishafte Darstellung dieser endzeitlichen Ereignisse im Quran. In Sure **2** Vers 27/28/29 heißt es:

„Und bringe frohe Botschaft denen, die glauben und gute Werke tun, dass Gärten für sie sind, durch die Ströme fließen. Wann immer ihnen von den Früchten daraus gegeben wird, so werden sie sprechen: Das ist wie das, was uns zuvor gegeben wurde. Und Gaben gleicher Art sollen ihnen gegeben werden. Und sie werden darin Gefährten und Gefährtinnen haben von vollkommener Reinheit, darin werden sie weilen. Allah verschmäht nicht ein Gleichnis zu geben so klein wie eine Mücke oder noch kleiner. Die da glauben, wissen, dass es die Wahrheit von ihrem Herrn ist, dieweil die Ungläubigen sprechen. Was meint Allah mit solchem Gleichnis? Viele verurteilt Er damit, Irrende zu sein, und viele leitet

Er damit, aber niemanden verurteilt Er zu irren außer den Ungehorsamen, die den Bund Allahs brechen, nachdem sie ihn aufgerichtet, und zerschneiden, was Allah zu verbinden gebot, und Unfrieden auf Erden stiften; dies sind die Verlierenden."

Gleichnisse, Parabeln, Geschichten von früheren Völkern - aus all dem im Quran geht immer wieder hervor, dass unter dem „*Yaum-ud-din*", dem Jüngsten Tag, nicht nur das zu verstehen ist, was am Ende der Zeiten kommen wird, sondern dass solch ein Jüngster Tag im Leben des einzelnen jederzeit eintreten kann, bei seinem körperlichen Tod oder auch wenn er an einen Wendepunkt in seinem Leben angelangt ist. Dann hängt es davon ab, welchen Gebrauch er von seiner Vernunft, seiner Unterscheidungsfähigkeit macht, ob er sich für den vielleicht dornenreicheren geraden Weg zu Gott entscheidet, oder ob er .. seine Seele um einen geringen Preis verkauft, um den kurzlebigen Genuss des diesseitigen Lebens. Aber auch ganze Völker oder Gemeinschaften erleben von Zeit zu Zeit einen solchen „Jüngsten Tag":

„Wie so manche Stadt haben Wir zerstört! Unsere Strafe kam über sie des Nachts oder während sie schliefen am Mittag, und ihr Ruf, da Unsere Strafe über sie kam, war nichts anderes als dass sie sprachen: Wir waren fürwahr Frevler."(**7**:5-7)

Hier und heute also leben wir und müssen uns bewähren, als Menschen, die zu Statthaltern Gottes auf Erden erhoben worden sind. Wir müssen danach trachten, aus der „*Nafsu-l-amara*", der Triebseele, die „*Nafsu-I-Iawama*", die sich anklagende und damit ihrem Gewissen gehorchende Seele zu machen, um dereinst als „*Nafsu-l-mudma'inna*" vor

Gott zu stehen, als Seele, die mit Gott wohl zufrieden ist.
„Und wir werden (genaue) Waagen der Gerechtigkeit
aufstellen für den Tag der Auferstehung, so dass keine
Seele in irgendetwas Unrecht erleiden wird. Und wäre
es das Gewicht eines Senfkorns. Wir wollen es hervorbringen. Und Wir genügen als Rechner." (**21**:48)

Literaturverzeichnis

Fazlul Rahman, Professor of Islamic Thought,
University of Chicago:
Major Themes of the Quran,
Minneapolis,
Bibliotheca Islamica,
Chicago, 1980.

Seyyed Hossein Nasr:
Ideal und Wirklichkeit des Islam,
Diederichs Gelbe Reihe DG 97,
München, 1993.

Frithjof Schuon:
Den Islam verstehen,
O. W. Barth Verlag, 1988.

Professor Dr. Süleyman Hayri Bolay:
Die Botschaft des Qurans,
Türkiye Diyanet Vakfı, Ankara, 1994.

Muhammad Asad (Leopold Weiß):
The Message of the Quran,
Gibraltar, 1980.

Annemarie Schimmel:
Gärten der Erkenntnis,
Texte aus der islamischen Mystik,
Diederichs Gelbe Reihe Nr. 37, Düsseldorf 1982.

John Leslie Mackie:
Das Wunder des Theismus,
Argumente für und gegen die Existenz Gottes,
Reclam (8075) 1987.